J Paulicsek

Das Beneficiaten-Collegium bei St. Peter in Wien

eine historisch-canonistische Studie

J Paulicsek

Das Beneficiaten-Collegium bei St. Peter in Wien
eine historisch-canonistische Studie

ISBN/EAN: 9783744630351

Hergestellt in Europa, USA, Kanada, Australien, Japan

Cover: Foto ©ninafisch / pixelio.de

Weitere Bücher finden Sie auf **www.hansebooks.com**

Das

Beneficiaten-Collegium

bei

St. Peter in Wien.

Eine historisch-canonistische Studie

von

Dr. J. Paulicsek,

Curat-Beneficiat bei St. Peter.

Wien, 1885.

Selbstverlag des Verfassers

Druck von Ludwig Mayer (Rudolf Brzezowsky).

Das Beneficiaten-Collegium bei St. Peter in Wien.

Eine historisch-canonistische Studie.

Zu den hervorragendsten Denkmälern Wien's zählt auch die Kirche und die Stiftung bei St. Peter. Ist auch dermalen das Aeussere der Kirche ein tristes und dürftiges, so beeinträchtigt dies doch keineswegs sein Ansehen, seine Ehrwürdigkeit. Als älteste Kirchen werden in den Chroniken Wien's genannt: St. Ruprecht, St. Maria am Gestade, St. Pancratius und St. Peter. Die Anfänge St. Peters verlieren sich in dunkler Sage und diese führt den Ursprung St. Peters bis auf Kaiser Carl den grossen zu rück. Dieser soll nach dem ersten glücklichen Feldzuge gegen die Avaren und Hunnen im Jahre 792 dem heil. Petrus zu Ehren in dem alten befestigten Grenzstädtchen Fabiana eine Kirche erbaut haben. Dieselbe Sage nennt als Erbauer Franz von Eisleben, denselben, der 40 Jahre vorher 760 die Kirche St. Ruprecht erbaut hatte.[1] Beim Aufbau der gegenwärtigen Kirche — der dritten am selben Orte — will man den Grundstein der ursprünglichen Kirche mit einem Partikel von Leo III. dem Freunde und Zeitgenossen Carls des Grossen gefunden haben. Derselben Sage zufolge soll Bischof Urolph von Passau die Kirche eingeweiht und auf besondern Wunsch des Kaisers einen Suffragan-Bischof namens Rathfred daselbst eingesetzt, also St. Peter zur Cathedral-Kirche erhoben haben. Demselben sollen im Jahre 826 Anno, 860 Alberich und hierauf Malvin als Bischöfe gefolgt sein.[2]

Die älteste verbürgte Nachricht über St. Peter bietet jedoch erst die Dotations-Urkunde Herzog Heinrich Jasomirgott's an das Schottenkloster, 22. April 1163.

In dieser wird St. Peter zu dem Schottenkloster gehörig, der Herzog als Patron der Kirche genannt. Nach einer späteren Urkunde des Schottenstiftes hat dasselbe gegen den Thurm und Edelsitz zu Stammersdorf im

---

[1] Fuhrmann Altes und Neues Wien. I. Bd. S. 387.
[2] Ebenderselbe.

Jahre 1544 auf St. Peter Verzicht geleistet. Nach dem Brande 1276 und dem Aufbau der Kirche wird St. Peter als mit einem Friedhofe umgeben und eine Pfarre genannt. Ebendasselbe berichten Urkunden aus den Jahren 1312, 1409, 1422, 1440, 1461, 1469, 1496, 1501, 1520. Im Jahre 1338 wird sogar ein Propst „der Thumkirchen zu Prag," Niclas Heinrich von Prag [1]) und im Jahre 1560 ein Domherr zu St. Stefan, Jakob Bennolt, [2]) als Pfarrer zu St. Peter genannt. Pfarrer von St. Peter werden noch genannt aus den Jahren 1574, 1585, 1614, 1684, 1695. Mit dem Canonicus Friedrich Scripi bricht die Reihe der Pfarrer von St. Peter ab. [3])

Im Jahre 1676 wurde die nach ihrem Vorbilde zu Rom gegründete Bruderschaft der allerheiligsten Dreifaltigkeit feierlich in die St. Peterskirche eingeführt. Die Bruderschaft machte sich zur Aufgabe, die Pflege der Andacht und der Werke der Frömmigkeit und Nächstenliebe. Sie wurde bald sehr beliebt und verbreitet. Ein grosser Theil ihrer Mitglieder zählte zu den reichsten und angesehensten Bürgern von Wien, sowie zu den höchsten Spitzen des Adels. Kaiser Leopold und Karl VI. selbst waren eifrige Mitglieder der Bruderschaft.

Im Jahre 1700 beschloss die Bruderschaft, die alte baufällige Kirche abzutragen und an deren Stelle einen neuen schönen Bau nach dem Vorbilde der St. Peterskirche zu Rom aufführen zu lassen. Den Plan entwarf der berühmte Meister Fischer von Erlach. Den Bau leitete der Baumeister und kais. Superintendant der Kirche in temporalibus Franz von Cischini. Im Jahre 1733, nachdem einstweilen auch der Hochaltar vollendet, wurde die Kirche vom Cardinal Kollonitsch feierlich eingeweiht.

Die neu hergestellte Kirche wurde in temporalibus durch einen kaiserlichen und einen von der Bruderschaft mitbestellten Superintendanten; — in spiritualibus durch einen kaiserlichen Beneficiaten, zu welchem der jeweilige Domcantor zu St. Stefan ernannt wurde, verwaltet.

Im Jahre 1749 wurde Hofrath Joachim von Schwandtner Rector der Bruderschaft und zugleich kais. Superintendant der Kirche. In seinem Testamente vom 9. September 1750 **machte er eine Fundation von sieben Stiftsherren, „sechs Beneficiaten nebst einem Decane, welche die Predigten halten, den Gottesdienst und den Beichtstuhl verwalten sollten."** Am 18. December 1752 starb v. Schwandtner; am 24. April 1754 bestätigte Kaiserin Maria Theresia die Stiftung, und am 8. Juni 1754, am

---

[1]) Schottengrundbuch Nr. 1.
[2]) Hausarchiv St. Peter.
[3]) Haus-Archiv St. Peter. Gutachten des Freih. v. Heinke.

Vorabende des Dreifaltigkeitsfestes, wurden die Beneficiaten mit ihrem Decane feierlich in die Kirche eingeführt, denselben ihre Plätze im Presbyterium angewiesen und das Officium übergeben.[1]) Die „Stiftsherren" erhielten zur „Distinction" vor dem übrigen Clerus ein „geschmelzt Brustzeichen" mit dem Bilde der allerheiligsten Dreifaltigkeit, welches sie beständig über ihren Kleidern tragen sollten. Es war das Abzeichen ihres kirchlichen Amtes und ihrer collegialen Verpflichtungen. Ebenso bedienten sie sich eines Sigills, das diesem Abzeichen nachgebildet war, wie aus noch vorhandenen älteren Gegenständen ersichtlich ist. Mit dieser Stiftung beginnt die Blüthe und Glanzperiode St. Peters.

Neben dem Stiftungscollegium blieb eine Zeit lang noch der kais. Beneficiat in officio bestehen; er nahm auch Theil an der Superintendenz der Kirche, bis er im Jahre 1779 dieser enthoben und dieselbe dem Decano collegii übertragen wurde.[2])

Hiemit wurde die Kirche dem Collegium einverleibt. Im Jahre 1783 wurde durch Kaiser Joseph das alte Pfarrrecht St. Peter. resuscitirt, St. Peter wieder eine Pfarre und der Decan des Collegiums zum Pfarrer ernannt.[3])

Die Repräsentanz der Bruderschaft, die nach der testamentarischen Bestimmung v. Schwandtner's, dessen Person und das Recht des Stifters vertreten sollte, acceptirte diese Uebertragung der Pfarre an das Collegium und bestimmte in einer Congregation derselben genau das Verhältniss der Pfarre zum Collegium.[4])

Im Jahre 1783 wurde die Bruderschaft aufgehoben, ihr Vermögen in den Religionsfond einbezogen, ihre Rechte von der Landesregierung übernommen; jedoch blieb das Stiftungs-Collegium bestehen und wurde demselben der Stiftungsfond, der bisher von der Bruderschaft als Repräsentantin des Stifters verwaltet wurde, in eigene Verwaltung übergeben und wurde auch an den Stiftungs-Bestimmungen festgehalten, mit Aus-

[1]) Gedenkbuch St. Peter.
[2]) Consistorial-Archiv.
[3]) Laut Decret vom 9. April 1783. Es lautete: Quum pro meliori commodo Religionis et subditorum meorum Ecclesiam ss. Apostolorum Petri et Pauli in parochialem Ecclesiam erigere ac promovere decrevimus, jus autem Patronatus ad Nos tamquam Archiducem Austriae pleno jure spectet, praesentem Ruzsicka Decanum ad S. Petrum parochum denominamus.
[4]) Sitzungsprotocoll 15. April 1783. Artikel 13. Haben dieselben (d. h. die Benefiziaten) in allen, die Hofrath v. Schwandtner letzte Willesmeinung zu befolgen und auch dermalen alle vorstehende und künftig hin die von ihrem hochfürstlichen Herrn Ordinario approbirende Andachten zu versehen.

nahme des schon bei der Bestätigung mittelst einer allerhöchsten Entschliessung abgeänderten Punktes betreffs des Decanates, derzufolge „im Falle der Erledigung des Decanates alle Beneficiaten in concursu erscheinen sollen, damit aus ihnen der Tauglichste und Würdigste erwählt werden könne."[1]) Mit dem Decanate wurde die Pfarrführung verbunden erklärt und im Erledigungsfalle n u r die Beneficiaten zur Bewerbung aufgefordert.[2]) Nach dem Tode des Decan-Pfarrers Sauermann, glaubte jedoch Fürsterzbischof Milde Umgang nehmen zu können von dieser Praxis; es wurde die Pfarre zum ersten Male öffentlich ausgeschrieben und auch mit Umgehung des Collegiums die Beneficiaten anderweitig vergeben.

Die damalige Landesregierung hatte zwar bei dem Vorschlage des hochw. f. e. Ordinariates, in welchem das Collegium ganz übergangen erschien, auf das Pfarrecht des Collegiums hingewiesen[3]) und zu einem neuerlichen Vorschlage eingeladen, worin dieses Recht Ausdruck finden sollte und erschien auch einer der competirenden Beneficiaten in dem neuerlichen Vorschlage aufgenommen; jedoch wurde Herr Andreas Kastner bisher Pfarrer von Probstorf an erster Stelle dringend empfohlen.

Kaiser Franz I., dem dieser Vorschlag unterbreitet wurde, konnte nicht umhin, zu erklären, „dass diese Ernennung mit Umgehung des Collegiums nur ausnahmsweise geschehe und dass er erwarte, es werden künftighin zu Beneficiaten bei St. Peter nur solche ernannt werden, von denen mit Recht anzunehmen sei, dieselben werden sich daselbst so ausbilden, dass sie einst zur Pfarrführung daselbst fähig sein würden."[4]) Dessen ungeachtet wurde die Pfarre seither noch ein zweites und drittes Mal ausgeschrieben und noch einmal mit Umgehung des Collegiums vergeben.

Ehrerbiethigste Vorstellungen, die von Seite des Beneficiaten-Collegiums bei den gegebenen Anlässen gemacht wurden, hatten nur 1857 den Erfolg, dass bei der Pfarrverleihung St. Peter „eine besondere Berücksichtigung" der Curat-Beneficien daselbst in Aussicht gestellt wurde, obgleich im selben Jahre Cardinal-Fürsterzbischof v. Rauscher in einer Zuschrift vom 28. November erklärte, dass die Beneficiaten bei St. Peter berechtigt seien, sich ein Collegium zu nennen.

---

[1]) Hofresolution 26. December 1754.
[2]) Currenden vom 17. August 1793, 30. December 1811. 1816.
[3]) Landesregierungsnote. Mit der Verleihung der Decanatsstelle ist zugleich jene der Pfarre verbunden, nur findet hiebei der Unterschied statt, dass die Erledigung dieser Pfarre nicht allgemein ausgeschrieben wird, sondern dass bloss die Curat-Beneficiaten an dieser Kirche aufgefordert werden, sich in Competenz zu setzen.
[4]) Handschreiben 22. Juni 1833.

Von 1754 bis 1858, also über 100 Jahre, unter vier Erzbischöfen wurden die Beneficien bei St. Peter immer als wirkliche kirchliche Beneficien angesehen und behandelt. Sie wurden canonisch vergeben und die Präsentirten canonisch eingesetzt.

Im Jahre 1858 erklärte Fürsterzbischof Cardinal Rauscher, er könne das Beneficium nicht mehr als wirkliches, sondern nur mehr als Manual-Beneficium ansehen und solle es von nun an von der canonischen Institution sein Abkommen haben; es wurden denn auch seither die Beneficiaten von St. Peter nicht mehr canonisch eingesetzt.

Im Jahre 1808 wurde gelegentlich der Ausschreibung eines Beneficiums bei St. Peter auch noch die Bemerkung angefügt, dass die Curat-Beneficiaten bei St. Peter verpflichtet seien, den Pfarrer in der Eigenschaft von Cooperatoren zu unterstützen.

Hiemit wurde eine neue Praxis in der Behandlung des Beneficiums inaugurirt. Es wurde das Beneficium wie bisher öffentlich ausgeschrieben, auf dasselbe präsentirt, aber die präsentirten Beneficiaten bloss als Administratoren des Beneficiums belassen; staatlicherseits aber gleichwohl die Verleihungstaxe wie bei wirklichen Beneficiaten eingehoben.

Durch diese mannigfachen Verfügungen im Verlaufe der Zeit, wurde nach und nach eine recht bedauerliche Rechtsunsicherheit und eine ganze Reihe von Fragen betreffs der Stiftung St. Peter geschaffen.

Anlass zu dieser unleidigen Rechtsunsicherheit bot die Pfarrfrage. Die Frage über das Verhältniss der Pfarre zum Beneficiaten-Collegium.

Diese Frage führte allmählig dahin, dass der collegiale und schliesslich auch der beneficiale Charakter der Stiftung in Zweifel gezogen und damit die ganze Stiftung in ihrer Existenz bedroht wurde.

Auf eine bittliche Eingabe Seitens der Beneficiaten im Jahre 1882 erklärte das hochw. f. e. Ordinariat, dass der kirchliche Charakter des Beneficiums nicht in Zweifel gezogen, das Beneficium demgemäss wieder seine volle kirchliche Behandlung erfahren werde, resp. die canonische Institution wieder vorgenommen werden würde.

Das k. k. Ministerium für Cultus und Unterricht glaubte jedoch der Angelegenheit gegenüber, eine misstrauische, ja ablehnende Haltung annehmen und so das wohlwollende Entgegenkommen des hochw. f. e. Ordinariates desavouiren zu sollen.

Da es sich in der Sache um eine öffentliche kirchliche Anstalt, um ein öffentliches Recht handelt und diessbezüglich in der Oeffentlichkeit häufig unklaren und irrigen Anschauungen begegnet wird, so dürfte es wohl angezeigt sein, dieses Recht auch in der Oeffentlichkeit auf seine Stichhältigkeit zu prüfen. Wir fragen daher:

1. Sind die Curat-Beneficiaten bei St. Peter wirkliche Beneficiaten?
2. Bilden diese Beneficiaten wirklich ein Collegium von Weltpriestern?
3. Hat dieses Collegium der Beneficiaten wirklich ein Recht auf das von Kaiser Joseph II. resuscitirte alte Pfarrrecht?

I. **Sind die Curat-Beneficiaten bei St. Peter wirkliche Beneficiaten im Sinne des canonischen Rechtes?**

Der Kernpunkt dieser Frage ist: Ist das Beneficium bei St. Peter ein wirkliches kirchliches Beneficium oder nur ein quasi, eine sogenanntes Manual-Beneficium?

Bekanntlich ist ein Beneficium verum ecclesiasticum ein solches, welches von der kirchlichen Behörde in aller Form errichtet und mit einem Titel ausgestattet ist. Es wird daher auch ein beneficium titulatum oder titulare genannt.

Die Merkmale eines kirchlichen Beneficiums sind:

a) Es ist canonisch errichtet und diese erectio canonica gehört zur Wesenheit des Beneficiums. Ohne canonische Errichtung kein Beneficium, quia nullus privatus [1]) sine Ordinarii auctoritate locum sacrum aut rem spiritualem constituere potest.

b) Ist damit ein officium ecclesiast. verbunden; denn nur propter officium datur beneficium. [2])

c) Dasselbe wird von der kirchlichen Autorität, dem Ordinarius verliehen, oder eine demselben präsentirte Persönlichkeit auf dasselbe canonisch institutirt. [3])

d) Es wird nur einer kirchlichen Persönlichkeit, die zum mindesten die Tonsur empfangen, verliehen. [4])

Es ist daher Alles kirchlich: die Errichtung, die Verleihung, die Einsetzung, die Person des Einsetzers und des Eingesetzten. Das Beneficium ist Eigenthum der Kirche, wird von der Kirche acceptirt, von der Kirche verliehen und im Namen der Kirche genossen. Es ist eine Anstalt, eine fixe Einrichtung der Kirche. Darin besteht der kirchliche Charakter.

Um den Gottesdienst, die Seelsorge sicher zu stellen, wurden seit dem eilften Jahrhundert den Kirchen auf dem Lande Zehente und

---

[1]) Cap. Nemo 9. de Consecrat.
[2]) Cap. ult. de Rescript. in VI.
[3]) Cap. Ex fraquentib. 3. de Constit.; cap. Si quis deincaps 12, cap. Si qui clericus 16. cap. Nullus laicor. 18. caus. 16. qu. 7.
[4]) Cap. Quum adeo 17. de Rescript.

Ländereien, in den Städten ein fixer Besitz übergeben und den Leitern der Kirchen und Seelsorgern ein fixes Recht, ein Titel auf den Fruchtgenuss derselben angewiesen.

Zwischen Hirt und Herde, zwischen Gemeinde und Seelsorger besteht ein geistiges Band, das nicht beliebig gelöst werden kann. Dieses Verhältniss geht symbolisch auf die Kirche über. Der Beneficiat ist sponsus Ecclesiae. Daraus resultirt die weitere essentielle Eigenschaft des kirchlichen· Beneficiums: es ist

e) perpetuum; es kann nicht beliebig entzogen, sondern wie es canonisch verliehen, so kann es auch nur canonisch entzogen werden.[1]) Der Beneficiat ist Besitzer des Beneficiums, ist daher zur Residenz verpflichtet.[2])

Anders jedoch bei dem sogenannten Beneficium manuale.

Ein Beneficium manuale ist ein Beneficium non titulatum „s i n e t i t u l o," ohne fixes Recht, ein Beneficium, das beliebig verliehen, beliebig ohne Grund wieder entzogen werden kann. Ein solches Beneficium hat keinen Besitzer, sondern nur einen Nutzniesser auf Widerruf. Es fehlt ihm die wesentliche Eigenschaft, es ist nicht perpetuum. Es verleiht kein Recht, es ruht also gleichsam in der Hand des Verleihers, daher die Bezeichnung manuale zur Hand, handlich, zur freien Verfügung eine Hauptpfründe. Es ist keine Anstalt, keine Einrichtung der Kirche. Es besteht auch kein inneres Band zwischen dem Nutzniesser und dem Beneficium. Es verpflichtet daher auch nicht zur Residenz. E s h a t k e i n e n k i r ç h l i c h e n C h a r a k t e r. Es ist nicht canonisch errichtet, weil damit kein kirchliches Officium verbunden ist; es wird nicht canonisch providirt, weil es durchaus in der Hand des Verleihers ruht, der nicht eine kirchliche Persönlichkeit sein muss. Es ist nicht sacerdotale, d. h. der Nutzniesser muss nicht nur nicht Priester sein, sondern braucht nicht einmal die Tonsur zu haben, gar keine kirchliche Persönlichkeit zu sein, kann sogar Kind oder Frauensperson sein.[3])

Weil es keinen kirchlichen Charakter besitzt, so bedarf es auch keiner kirchlichen Einsetzung auf dasselbe, ja es kann auch von einer Vacanz desselben keine Rede sein[4]) und bedarf desshalb keiner kirchlichen Provision, Concursausschreibung, es kann nicht präsentirt werden, da die

---

[1]) Cap. Praecepta 12. dist. 55; cap. Sanctorum 2 dist. 70; cap. Sigratiose 5 de rescript. in VI.
[2]) Cap. Ex parte 8, et cap. Inter quatuor 10. de Clericis non resid.
[3]) Card. De Luca de Benef. discurs. 94, num. 1.
[4]) Ibid. discurs 97. num. 18.

Präsentation die canonsiche Einsetzung und die fixe Anstellung, die Perpetuität zur Voraussetzung hat.

Es fehlen somit einem solchen Beneficium alle wesentlichen Merkmale eines wirklichen kirchlichen Beneficiums, es ist daher eigentlich kein Beneficium, nur ein quasi Beneficium und wird nur uneigentlich so genannt. Es sind nur Bezüge, [1]) die von Laien oder more laicorum geleistet werden, ohne kirchlichen Rechtstitel, meist nur Entlohnungen für niedere Dienstleistungen in und bei der Kirche ohne ein förmliches kirchliches Officium und wenn auch Bezüge für ein solches angewiesen werden, z. B. bei einem sogenannten Hauscaplan, so geschieht es doch ohne Sicherstellung, jedenfalls ohne Approbation Seitens der kirchlichen Behörde.

Zwischen einem wirklichen kirchlichen Beneficiat und einem quasi sogenannten Manual-Beneficium besteht demnach ein wesentlicher Unterschied.

Das Hauptmoment der Differenz ist die erectio canonica und die daraus resultirende Perpetuität. Demgemäss ist auch ein wesentlicher Unterschied zwischen einem quasi oder Manual - Beneficium und einem Beneficium in qualitate Manualitatis. Denn letzteres ist ein wirkliches kirchliches Beneficium mit canonischer Errichtung mit kirchlichen Charakter und Titel und ist manuale nur per accidens, etwa auf Wunsch des Stifters.

Was ist nun die Stiftung bei St. Peter für ein Beneficium; ist sie ein wirkliches kirchliches Beneficium, d. h. hat die Stiftung die wesentlichen Merkmale eines kirchlichen Beneficiums an sich oder nicht?

Was sagt der Stifter und sein Stiftbrief?

Der Stifter verordnet laut Stiftbrief:

a) Eine Fundation aus seinem Vermögen zu geistlichen Zwecken, eine geistliche Stiftung; [2])

b) bezeichnet den Zweck der Stiftung: die Besorgung des öffentlichen, wie des Privat-Gottesdienstes der Bruderschaft der allerheiligsten Dreifaltigkeit, so wie auch die Seelsorge an der Kirche und für die Bruderschaft, also ein förmliches kirchliches Officium: Gottesdienst mit cura animarum; [3]) — bestimmt genau

c) den Modus der Collation. Das Präsentationsrecht [4])

d) verordnet, dass die Stelle nur Priestern und zwar mit hervor-

---

[1]) Legata, piae donationes etc.
[2]) Artikel 9.
[3]) Artikel 9 u. 10.
[4]) Artikel 17.

ragenden Eigenschaften verliehen werden solle und dass diese Eigenschaften: die Dignität durch C o n c u r s - A u s s c h r e i b u n g — P r ü f u n g constatirt werden; [1]) und hat schliesslich sich

e) für seine „geistliche Stiftung" nicht nur die Genehmigung die A p p r o b a t i o, A c c e p t a t i o, a l s o d i e c a n o n i s c h e E r r i c h t u n g, sondern auch den beständigen b e s o n d e r n S c h u t z seitens des hochwürdigsten Oberhirten erbeten. [2])

Diese Anordnungen betreffs der geistlichen Stiftung sind denn auch von der kirchlichen Behörde thatsächlich genehmigt, die Stiftung als eine geistliche i. e. kirchliche im Sinne der Kirche acceptirt worden, wie diess zweifellos die Ausstellung des Stiftbriefes — die Activirung der Stiftung, Jurisdictionirung und feierliche Einführung der Beneficiaten in ihr Amt, ihre Stellung beweist. [3])

Nach canonischem Rechte sind diess die wesentlichen Requisita, die Merkmale eines wirklichen kirchlichen Beneficiums und erleidet es somit keinen Zweifel, dass die Stiftung bei St. Peter den Charakter eines wirklichen kirchlichen Beneficiums besitze.

Besitzt sie aber diesen Charakter und auch den Titel eines wirklichen Beneficiums, so besitzt sie damit die übrigen Prärogative und somit auch das jus perpetuum an und für sich. Ist sie aber ein wirkliches kirchliches Beneficium, so kann sie nicht ein blosses quasi eine sog. Manual - Beneficium sein. Denn warum und wozu hätte der Stifter die kirchliche Errichtung, die Approbatio Acceptatio seitens der kirchlichen Behörde verlangt und erbeten? und wie konnte die kirchliche Behörde diese Approbatio verleihen, die canonische Errichtung vornehmen, da die Stiftung als Benefium manuale nicht in das Eigenthum der Kirche übergehen, sondern in der Hand des Laiens-Stifters und seiner Rechtsnachfolger verbleiben sollte?

Warum und wozu hätte der Stifter die Provisio canonica: Concurs-Ausschreibung, Prüfung Präsentation und damit die Institutio canonica vorgeschrieben und wie konnte die kirchliche Behörde eine solche vornehmen, da ja die Stelle keinen kirchlichen Charakter besitzt, deren Inhaber beliebig auch ohne Grund enthoben werden kann, also eigentlich auch nicht von einer Vacanz, von einem Concurse, Präsentation und canonischen Einsetzung die Rede sein kann?

---

[1]) Artikel 13.
[2]) Gedenkbuch St. Peter S. 133.

Und nirgends spricht der Stifter und der Stiftsbrief von einer blossen Caplanei, Hilfspriester- oder Curatenstelle im vulgären Sinne; nirgends von einer sog. Laien-, Hauscaplanei oder selbst Bruderschaftscaplanei, von einer blossen Messenstiftung, von einer blossen Laien-Pension, die auch an Nichtpriester verliehen werden könnte.

Aber, so wird eingewendet, der Stifter nennt doch ausdrücklich und wiederholt das Beneficium ein „Beneficium manuale, das nicht pro perpetuo sein", auch sollten die Beneficiaten amovibiles sein? Denn so heisst es im Art. 9 . . . . eine Fundation und zwar in qualitate Beneficii manualis. Und im Art. 24 sagt der Stifter, „dass es sein eigentlicher Wille sei, dass dieses Beneficium keineswegs pro benef. ·perpetuo, sondern bloss als Beneficium manuale und daher auch die Beneficiati nach dieser Disposition ex praedicta und sequenti causa als amovibiles anzusehen seien und daher keinen derselben dieses Beneficium länger als er selbes in allen ihm aufgetragenen Verrichtungen annoch fähig zu sein erkannt wird, zu geniessen berechtigt sein solle?"

Allerdings nennt der Stifter das Beneficium „in qualitate manualis Beneficii, nicht pro perpetuo." Aber in welchem Sinne? Man beachte im Artikel 9 nur die Note, die der Stifter zur Erklärung des Wortes „manuale" angefügt und den Wortlaut der Bestimmung selbst.

Die Note lautet: „In so weit ich mich des Mehreren in nachfolgend dieser meiner letztwilligen Disposition erklären werde."

Und was hat der Stifter in der nachfolgenden Disposition angeordnet, woraus man den Sinn des Wortes erholen solle?

Wie schon ausgeführt, hat der Stifter in den Artikeln 13, 15, 17, die canonische Errichtung, die canonische Provision, die canonische Einsetzung angeordnet. Eigenschaften und Merkmale, die den kirchlichen Charakter des Beneficiums ausser Zweifel stellen.

Was für einen Sinn, was für eine Bedeutung soll nun das Wort Manuale im Sinne der genannten Note haben? Offenbar keinen anderen als: das Beneficium soll ein wirkliches Beneficium sein wie es die Kirche will und nebenbei die Eigenschaft der Manualität besitzen.

Diese Auffassung wird durch den Wortlaut der Bestimmung selbst bestärkt. Es heisst daselbst nicht einfach: Vermeldt mein hinterlassenes Vermögen verordne ich zur Fundation eines Beneficiums manuale, wie es doch lauten musste, um allen Zweifel auszuschliessen, wenn es sich wirklich nur um ein Beneficium manuale handeln sollte, sondern es heisst: „zur

Fundation in qualitate Beueficii manualis" der Nachdruck liegt hier auf dem Wort: „in qualitate". Offenbar wollte der Stifter mit diesem Worte auf die folgende Eigenschaft als eine ausserordentliche und auch ungewöhnliche besonders aufmerksam machen.

Es konnte und war nach der Note und dem Wortlaut der Bestimmung zu urtheilen, dem ehrenwerthen Stifter nicht unbekannt, dass die Manualität einem Beneficium nur ausnahmsweise und aus gewichtigen Gründen auferlegt werden konnte, da sie dem gemeinen Rechte zuwider, ja sogar im Stande ist die Errichtung eines Beneficiums, das nur ein kirchliches sein kann, zu hindern. Ebenso auch die Nichtperpetuität, die Amovibilität der Beneficiaten, die im Grunde genommen schon in der Manualität mit inbegriffen und daher nur eine Vervollständigung des Ausdruckes manuale ist.

Die Nichtperpetuität und Amovibilität, wiedersprechen der Natur und dem Charakter eines kirchlichen Beneficiums und können, wie die Manualität nur ausnahmsweise in Uebung kommen.

Nichtsdestoweniger wurden im Laufe der Zeiten kirchliche Beneficien auch an Regularen verliehen und weil auf das Votum obedientiae derselben das keine Perpetuität der Anstellung zulässt, Rücksicht genommen werden musste, manualiter behandelt, ohne dass dadurch der kirchliche Charakter, die Perpetuität an sich alterirt worden wäre. Es bildete sich demgemäss sogar ein Rechtsgrundsatz: Beneficia regularia praesumuntur manualia, saecularia autem perpetua.

Dem Stifter lag am Herzen, dass seine Stiftung ihren Zweck: die Förderung der grösseren Ehre Gottes immer auf das vollkommenste erreichte, desshalb sollte das Officium nicht unterbrochen werden, auch nicht durch irgend eine unverschuldete Gebrechlichkeit des Beneficiaten.

Er glaubte diess erreichen zu können, wenn er die Uebung der Regular - Beneficien für sein Beneficium in Anspruch nähme, also die Manualität und Amobilität anordne, ohne sonst dem kirchlichen Charakter desselben praejudiciren zu wollen; dass der Stifter in diesem Sinne die Nichtperpetuität, die Amovibilität seiner Beneficiaten aufgefasst, also keineswegs an eine absolute Amovibilität derselben gedacht habe, wie es in der Natur des Beneficium manuale gelegen wäre, beweist er im Artikel 22 seines Stiftbriefes, wo er ausdrücklich den canonischen Process für eine etwa nothwendige Enthebung vom Beneficium anordnet und im Artikel 23 wo es ausdrücklich heisst: „dass es der löblichen Bruderschaft absolut nicht gebühren könne, einen Herrn Beneficiaten absque sufficiente causa zu entheben und selbst wenn eine solche „causa sufficiens" vorhanden sei, nur die Untersuchung durch das Ordinariat einleiten könne."

Hiemit ist die absolute Amovibilität und eo ipso die Manualität des Beneficiums ganz entschieden ausgeschlossen, indem einerseits dem Laien-Patron, hier der Bruderschaft, die stiftungsgemäss die Person des Stifters repräsentiren sollte, die Enthebung vom Beneficiat absolut nicht gestattet wird, was doch beim Beneficium manuale statt hat, andererseits das Recht der Kirche auf ihr Besitzthum, das Beneficium gewahrt wird.

Diese Aufstellungen des Stifters betreffs der Manualität und Amovibilität hatten also ihren Sinn, ihre Bedeutung. Sie waren, wenn auch ganz ausserordentlich und ungewöhnlich, doch nicht unmöglich.

So behauptet auch nach älteren bewährten Canonisten, wie Philippus, Saracenus, Lambertini, der Cardinal de Luca,[1]) dass wirkliche saecular Beneficien auch manualiter behandelt werden können, d. h. pro libitu gegeben und ad nutum wieder entzogen werden können, ohne dass diese Behandlung auf die Natur und den Charakter des Beneficiums an sich einen Einfluss nehmen könne, da dieser nicht von dem Modus collationis abhängt, sondern umgekehrt; nur müsse der Stifter diese conditio „juri communi contraria" „in limine fundationis" hinzufügen und sich einer „expressa und specialis approbatio Ordinarii" versichern, ohne welche dieselbe keine Geltung hätte, wie die Rota in Rom entschieden hat.[2])

Hat nun der Stifter dieser Genehmigung der ausnahmsweisen Behandlung seines Beneficiums sich versichert, hat das f. e. Ordinariat diese expressa und specialis approbatio wirklich ertheilt?

Von der Ertheilung einer solchen Genehmigung ist weder im Stiftbriefe, noch sonst irgendwo die Rede. Im Gegentheile; die Praxis des f. e. Ordinariates in der Behandlung des Beneficiums spricht entschieden dagegen. Es wurde das Beneficium von Anfang und ununterbrochen canonisch verliehen, d. h. ausgeschrieben, präsentirt und die Präsentirten wenigstens bis 1858 canonisch eingesetzt, das Beneficium also von der competenten kirchlichen Behörde als wirkliches Beneficium angesehen und behandelt; die ausnahmsweisen Bedingungen der Manualität und Amovibilität ignorirt,[3]) und so von der competenten kirchlichen Behörde selbst eine consuetudo centenaria secundum legem „eine observantia" geschaffen, die geeignet erscheinen musste, keinen Zweifel betreffs der

---

[1]) Card. de Luc. de benef. discurs. 97.
[2]) Causa, Casertam. Benef. 23. Junii 1755.
[3]) Es ist nie ein Fall einer solchen Amotion „ad nutum" vorgenommen worden.

Natur und des Charakters des Beneficiums bei St. Peter mehr aufkommen zu lassen.

Was hat es nun mit der 1858 gelegentlich der Ernennung des Herrn Dr. D. gegebenen Erklärung: „Es sei gefunden worden, dass das Beneficium bei St. Peter eigentlich nur ein Manual und kein wirkliches Beneficium sei," für ein rechtliches Bewandtniss.

Sollte diese Erklärung ernst genommen werden, so bedeutete sie nichts weniger als das, was der Stifter nur ausnahmsweise angeordnet, unter Voraussetzung der Genehmigung seitens der kirchlichen Behörde und was diese seiner Zeit nicht für gut befand, zu genehmigen, das sollte jetzt im vollen Sinne Regel werden.

Das hiesse das Beneficium St. Peter zu einem Manual-Beneficium deprimiren, hiesse dem Beneficium den kirchlichen Charakter entziehen, und Laien-Charakter beilegen; es hiesse dasselbe säcularisiren, dem kirchlichen Eigenthum, dem kirchlichen Besitze, dem kirchlichen Rechte, der kirchlichen Verfügung entziehen und es der Laien-Verfügung überlassen.

Es hiesse demselben auch den Namen eines Beneficiums entziehen, da ein Manual-Beneficium eigentlich kein Beneficium ist. Damit sänke es zur einfachen Laien- oder Hauscaplanei, zum Range einer blossen Messeleserstelle oder höchstens zu einer Hilfspriester- oder sogenannten Curatenstelle herab.

Consequenterweise müsste dann auch das Officium, wie es für das Beneficium angeordnet wurde, aufhören, und damit wäre die ganze Stiftung alterirt, thatsächlich zu einer blossen Pfarrstiftung herabgedrückt. Diese Depression wäre aber im Grunde nichts anders als eine stille Suppression der grossen Joachim v. Schwandtner'schen Stiftung zu Gunsten des Religionsfondes, ein unrühmliches unverdientes Ende dieser grossartigen Stiftung, für die der k. k. Hofrath v. Schwandtner sein ganzes grosses Vermögen geopfert, die unter dem besonderen Schutze des kaiserlichen Hauses, sowie auch des hochwürdigsten Oberhirten stand, die Kaiser Josef II. selbst aus Pietät gegen seine erhabene Mutter Kaiserin Maria Theresia hochgeachtet und geschützt hat; die gegründet worden zur Verherrlichung des dreieinigen Gottes, die in schwerer Zeit der Verflachung des kirchlichen Bewusstseins und kirchlichen Lebens, soviel zu dessen Hebung beigetragen.

Hier drängt sich von selbst die Frage auf: **Kann einem canonisch errichteten Beneficium dieser Charakter überhaupt und könnte der Schwandtner'schen Stiftung der beneficiale Charakter entzogen werden?**

Das Trident. sagt hierüber im Allgemeinen: Ratio postulat, ut quae bene constituta sunt, contrariis ordinationibus non detrabatur. Quando ergo ex beneficiorum quorunque erectione seu fundatione aut aliis' constitutionibus qualitates aliquae requiruntur in beneficiorum collatione, seu in quarunque alia dispositione eis non derogetur.[1] Und die s. congr. Concilii hat aus Anlass eines gegebenen Falles entschieden: quod fundator neque de consensu episcopi possit mutare leges et conditiones a se in fundatione positas, et ab ordinario acceptatas, si talis mutatio asset in praejudicium ecclesiae aut tertii ... wozu Card. de Luca bemerkt: „inde nec episcopus potest in erectione capellaniae seu beneficii eis injungere onus, quod testator non injunxit neque alio modo testatoris voluntatem immutare.[2] Demzufolge geht es also nicht an, die stiftlichen Bestimmungen zu ändern „in praejudicium tertii", hier der im Besitze befindlichen Beneficiaten, et a fortiori noch weniger die Natur und den Charakter der ganzen Stiftung. Eine solche Immulatio käme einer alienatio bonorum ecclesiae gleich, und eine solche könnte nur, wenn der Stifter nicht anders bestimmt, „sub gravi et justa causa", et „sub solemnitatibus certis" geschehen.

Diese Eventualität einer Immulatio in substantia hat der Stifter v. Schwandtner in weiser Ueberlegung ins Auge gefasst, indem er für diesen Fall einer Aenderung seiner Stiftung, also sobald derselben die Natur und der Charakter eines Beneficiums entzogen werden sollte, anordnet, dass die ganze Fundatio zurückgezogen, das Stiftungscapital dem Repräsentanten seiner Person, der Bruderschaft der heiligsten Dreifaltigkeit, zur freien Verfügung übergeben werden solle.[3]

Gegenüber dieser Bestimmung des Stifters kann von einer rechtlichen Möglichkeit der Depression oder Suppression seiner Stiftung wohl nicht mehr die Rede sein.

Die Schwierigkeit würde indess noch vermehrt, indem durch eine solche Aenderung eine ganz eigenthümliche Situation geschaffen würde.

Der durch Testament stipulirte Rechtsnachfolger, der Repräsentant des Stifters v. Schwandtner ist durch die Aufhebung der Dreifaltigkeits-Bruderschaft verschwunden; der Religionsfond hat wohl das grosse Vermögen der aufgehobenen Bruderschaft und die Landesregierung, die Rechte derselben, das Präsentations-Recht auf je ein Beneficium der Stiftung übernommen; aber Rechtsnachfolger, Repräsentant des Stifters

---

[1] Trid. sess. XXV, cap. V de reform.
[2] Sacr. concreg. Concil. in causa Berthonensi die 4. Junii 1721.
[3] Stiftsbrief, Artikel 26.

ist weder Landesregierung noch Religionsfond geworden, indem die Aufhebung der Bruderschaft und die einfach decretirte Einziehung des Vermögens derselben an sich doch keinen legitimen Rechtstitel schaffen, eine Rechtsnachfolge nicht begründen kann.

Die in ihrer Art anders erklärte, d. h. in ihrer Natur, ihrem Charakter veränderte, für diesen Fall von ihrem Stifter als verfallen erklärte Stiftung kann keinem Rechtsnachfolger zufallen. Der Bruderschaft nicht, weil diese nicht mehr existirt, der Kirche nicht, weil ihr der kirchliche Charakter entzogen ist; der Stiftungsfond müsste somit als herrenloses Gut gelten und dem Fiscus verfallen.

Die Depression der Stiftung v. Schwandtner zum blossen Manual-Beneficium hiesse demnach auch dem Fiscus die Wege bahnen zur gänzlichen Einziehung des Stiftungsfondes.

Sollte das übersehen oder nicht beachtet worden sein?

Aber selbst, wenn diese entscheidende Bestimmung des Stifters nicht vorläge, so läge die Frage noch immer nahe: Konnte das Beneficium, nachdem es durch mehr als 100 Jahre als canonisch errichtet, als wirkliches Beneficium angesehen und demgemäss behandelt worden war, jetzt auf einmal zum Beneficium manuale erklärt werden?

Wir sehen hier ab von der praktischen Nothwendigkeit einer solchen weittragenden Erklärung, obgleich wir nicht umhin können zu bemerken, dass sich für den Fall eines ernsten begründeten Zweifels an dem canonischen Charakter des Beuficiums eher eine sanatio, eine nachträgliche canonische Errichtung auf Grund der consuetudo centenaria empfohlen haben würde, und fragen bloss nach den Rechtsgründen einer solchen Suppression?

Das Tridentinum [1]) nennt als Ursachen der Suppression eines Beneficiums das Eingehen der Gemeinde, geringe Seelenanzahl ein schweres Verbrechen, namentlich die Tödtung des Beneficiaten, Mangel an zureichender Dotation, wenn eine Aufbesserung auf keine Weise möglich ist. Von den drei Gründen können hier nur der erste und dritte in Betracht kommen.

Der Stifter hatte als Zweck seiner Stiftung aufgestellt: die Besorgung des öffentlichen Gottesdienstes und die cura animarum an der St. Peterskirche in erster Linie als finis primarius und erst in zweiter Linie als finis secundarius die Besorgung des Privat-Gottesdienstes und die cura animarum der Dreifaltigkeits-Bruderschaft. Nach Aufhebung der Bruderschaft hörte zwar die cura confraternitatis auf und damit der finis secundarius der Stiftung, aber die Existenz der Stiftung wurde dess-

---

[1]) Trid. Sess. 24. cap. 15. de reformet.

halb nicht erschüttert, denn es blieb noch der finis primarius voll und ungeschwächt bestehen; ja derselbe hatte noch bei Lebzeiten der Bruderschaft eine festere Grundlage gewonnen, dadurch, dass das alte Pfarrrecht St. Peter recuscitirt und der Kirche ein Territorium mit 7200 Seelen als Pfarrbezirk zugewiesen wurde.

In neuester Zeit ist wohl diese Pfarrbevölkerung um mehr als die Hälfte in Folge der veränderten Stadtverhältnisse zurückgegangen; aber auf den Bestand der Stiftung des Beneficiums konnte dieser Umstand keine Rückwirkung ausüben, da die Pfarre nur das Accessorium bei dem Principale der Stiftung bildete.

Nicht viel mehr kann der dritte Grund zur Rechtfertigung der Depressio in's Feld geführt werden: die „tenuitas reddituum, seu fructuum beneficii."

Es ist nicht zu leugnen, dass die Dotation des Beneficiums von St. Peter eine geringe, in Anbetracht der gegenwärtigen Lebensverhältnisse eine unzureichende ist. Ursprünglich bei der Errichtung war dieselbe eine, wenn auch nicht glänzende, so doch würdige weil völlig zureichende; die Ursache der gegewärtig kärglichen Dotation liegt in der Entwerthung des Geldes um mehr als zwei Drittel.

Diese Eventualität mochte der Stifter vorausgesehen haben; desshalb bestimmte er in seinem Testamente und im Stiftbriefe [1]) wo er die Bruderschaft zu seinem Universal-Erben eingesetzt hatte, dass diese im Falle der Nothwendigkeit: „a proportione des Standes der Dürftigkeit" nachzuhelfen habe. Nach Aufhebung der Bruderschaft wurde das grosse Vermögen derselben dem Religionsfond einverleibt und folgegemäss mit dem Vermögen auch die Verpflichtungen, also auch die Verpflichtung für eine würdige, den Zeitverhältnissen entsprechende Dotation der Beneficiaten aufzukommen und diess umsomehr, da durch die Uebernahme der Pfarrseelsorge seitens des Collegiums der Beneficiaten der Religionsfond um den grössten Theil der Pfarrdotation erleichtert erscheint.

Durch Verlosung der Anlagepapiere der Stiftung ist das eine fehlende Drittel der Dotation eingebracht und fehlt somit zur zeitgemässen Dotation der Beneficiaten das letzte Drittel und wäre hiefür der Religionsfond als Besitznachfolger des Vermögens der Bruderschaft St. Trinit. auf den die Pflicht der Aufbesserung der Dotation lastet, anzugehen.

Im äussersten Falle, das ist in der gänzlichen Unvermögenheit dieses Fondes, die indess doch noch nicht constatirt ist, könnte noch immer im Sinne des Tridentinum [2]) durch die Suppression des einen oder andern Beneficiums zur Aufbesserung der übrigen vorgegangen werden. Wie also

---

[1]) Artikel 26.
[2]) Trid. Sess. 24. cap. 15. de reformat.

die unzureichende Dotation für deren Ergänzung pflichtgemäss der Religionsfond aufzukommen hat, einen Grund zur Depression, resp. stillen Suppression der ganzen Stiftung zu Gunsten des Religionsfondes abgeben sollte, wäre wohl vom Rechtsstandpunkte aus, nicht recht erfindlich.

Ernste rechtliche Gründe — eine causa justa im Sinne des Tridentinum — waren es also nicht, die die gedachte Erklärung mit ihrer so weittragenden Bedeutung motiviren könnten.

So drängt sich fast die Annahme auf, dass es mit seiner Erklärung unmöglich Ernst genommen werden konnte, denn in welchem Lichte hätte die bisherige, mehr als 100jährige Praxis der früheren hochw. f. e. Ordinariate erscheinen müssen? Unwillkürlich müsste der Gedanke kommen, als hätten die früheren hochw. Ordinariate, die hochw. Fürsterzbischöfe mit ihren Capiteln- und anderen Beiräthen es nicht verstanden, ein wirkliches, von einem Manual-Beneficium zu unterscheiden und daher ein blosses Manual-Beneficium, das eigentlich gar kein Beneficium ist, keinen kirchlichen Charakter hat, beneficialiter behandelt, was ihrer unwürdig wäre; oder sie hätten es wohl gewusst, dass es sich nur um ein Manual-Beneficium handle und es dennoch, entgegen den kirchlichen Vorschriften beneficialiter behandelt, was aber ganz widersinnig und unmöglich wäre, indem gar nicht gedacht werden kann, zu welchem Zwecke ein Widerspruch solcher Art über 100 Jahre aufrecht erhalten worden wäre. Sollte etwa durch eine consuetudo aus einem Beneficium manuale ein wirkliches Beneficium geschaffen werden? Das wäre widersinnig; indem keine, auch nicht eine 100jährige consuetudo, sondern nur die erectio canon. den kirchlichen Charakter verleihen kann und diese, wofern die Erfordernisse vorhanden, sofort vorgenommen werden konnte.

Ferner hätten in dem Falle, als das Beneficium immutirt worden wäre, auch in dem Officium und den andern Verpflichtungen des Beneficiums, Aenderungen vorgenommen werden müssen; es hätte ferner die Concursausschreibung, Präsentation, Einhebung der Verleihungstaxe, wie bei den wirklichen Beneficien unterbleiben, der Titel: Curat-Beneficiat abgeschafft werden müssen.

Dem ist aber nicht so geschehen; diese selbstverständlichen Consequenzen sind nicht gezogen worden. Es unterblieb bloss die canonische Einsetzung, während Officium, Verpflichtungen und die andern Förmlichkeiten der canonischen Provision Einhebung der Verleihungstaxe wie früher eingehalten wurden, nur mit dem Unterschiede, dass das Beneficium von jetzt an bei der Concurs-Ausschreibung Manual-Beneficium benannt, den Competenten bedeutet wurde: der zu ernennende Curat-Beneficiat sei verpflichtet, den Pfarrer in der Eigenschaft eines Cooperators in der Pfarrseelsorge zu unterstützen.

Was sollte diese neueste Praxis bedeuten? Nichts anderes, als, dass das Beneficium zwar als Manuale, als uneigentliches, nicht kirchliches Beneficium benannt, aber im Grunde doch als kirchliches wirkliches Beneficium angesehen und im Wesentlichen auch als solches behandelt wurde, dass man die Präsentirten und tacite Acceptirten wohl jurisdictionirte, jedoch den Titel zum Antritte und Genusse des Beneficiums nicht ertheilte,[1]) sondern dieselben bloss als administratores beneficii beliess!

Eine unrichtige Benennung ist ein mehr oder weniger freiwilliger Widerspruch; aber an der Wesenheit einer Sache vermag sie allein nichts zu ändern; denn Worte allein geben und nehmen keine Eigenschaften. So wäre der Widerspruch in der Benennung eines wirklichen Beneficiums mit dem Namen „Manuale" zu bedauern, weil er zur Irreführung geeignet wäre, aber aus einem wirklichen Beneficium ein Beneficium Manuale zu machen, vermag diese widersprechende Bezeichnung allein nicht.

Und selbst wenn die canonische Institution bei einem wirklichen, aber Manual benannten Beneficium nicht ertheilt würde, so würde ein solches Vorgehen noch immer nichts an der Natur, an dem Charakter des Beneficiums zu ändern im Stande sein, denn das wirkliche Beneficium ist ein Institut der Kirche und bleibt als solches unberührt, wenn gleich die Provisio desselben eine mangelhafte ist.

Als beeinträchtigt erscheinen blos die Beneficiaten, die wohl den Fruchtgenuss des Beneficiums thatsächlich besitzen, aber ohne Recht, ohne Titel, blos aus Gnade, obwohl sie durch die Präsentation und Acceptation seitens des hochw. f. e. Ordinariates das jus in rem, das Recht auf diesen Titel erlangt haben.

Die Nichteinsetzung der präsentirten Beneficiaten hat also ausser der persönlichen Rechtsverkürzung und der Anomalie, dass eine ganze Reihe von Beneficien nie wirkliche kirchliche Besitzer erhalten, sondern immer nur administrirt werden, keine weitere Bedeutung.

Was schliesslich die beigefügte Bemerkung betrifft, dass die Curat-Beneficiaten verpflichtet seien, den Pfarrer in der Pfarrseelsorge zu unterstützen, so kann auch diese höchstens das Officium des Beneficiums er-

---

[1]) Reg. I. jur. in VI. sagt: Beneficium ecclesiasticum non potest licite sine institutione canonici obtineri; und Artikel XXVII. des österr. Concord. lautet: Quum jus in bona eccl. ex canon. institutione derivet.

weitern, aber den Charakter des Beneficiums zu alteriren, vermag sie jedoch nicht. Im Gegentheile, damit wurde nur klarer ausgesprochen, dass das Officium des Beneficiums eigentlich ein von der Pfarrseelsorge Unabhängiges, Selbständiges sei, dass die Theilnahme an der Pfarrseelsorge erst später zum Officium der Beneficiaten hinzugetreten, dass also das Beneficium das Prius ergo Principale die Pfarre das Accessorium, ferner dass das Beneficium keine Caplanei, keine sogenannte blose Curatenstelle sei.

Mit dieser Bemerkung wird eine andere Frage berührt, von der in der II. Abtheilung die Rede sein wird, die Frage über die Stellung und das Verhältniss der Pfarre zum Collegium der Beneficiaten.

Diese Praxis, wenn sie auch im Wesentlichen an dem Beneficium nichts zu ändern vermochte, musste doch bald wegen ihrer Widersprüche allseitiges Unbehagen hervorrufen.

Es mochte dem hochw. f. e. Ordinariate erwünscht sein, aus diesem Wirrsale von Widersprüchen herauszukommen und nicht weniger war es den zunächst Betheiligten, den Beneficiaten, daran gelegen, aus dieser Schwebe zwischen Hangen und Bangen, Sein und Nichtsein befreit zu werden.

Nachdem schon früher Schritte in dieser Richtung unternommen wurden, wurde 1882 abermals dem hochw. f. e. Ordinariate ein Promemoria ad hoc unterbreitet. Es fand wohlwollendes Entgegenkommen.

Die erste Bitte, betreffend die Wiederanerkennung, resp. Wiederbehandlung des Beneficiums als wirkliches kirchliches Beneficium, d. h. die Bitte um Zurücknahme der mehrgenannten Erklärung des Beneficiums zum Manual-Beneficium und Wiederanordnung der canonischen Einsetzung der Beneficiaten fand sofort gütige Zustimmung. Betreffs der anderen Punkte der Bitte sollten erst Verhandlungen mit dem hohen k. k. Ministerium für Cultus und Unterricht gepflogen werden.

Wider alles Erwarten machte das hohe k. k. Ministerium Schwierigkeiten in der Beneficiumsfrage. Es glaubte in dieser Wiederanerkennung des Beneficiums eine Neu-Creirung, eine eigentliche canonische Errichtung, eine erstliche Erhebung der Stiftung St. Peter zum wirklichen kirchlichen Beneficium erblicken und diesem Vorhaben des hochw. f. e. Ordinariates seine Zustimmung verweigern zu sollen.

Wie konnten das hohe k. k. Ministerium überhaupt zu dieser Auffassung kommen?

Die Wiederanerkennung des Beneficiums setzt doch die canonische Errichtung, den kirchlichen Charakter desselben und dessen ehemalige Behandlung als solches voraus. Einem Beneficium, das schon den kirchlichen Charakter erhalten hat, canonisch errichtet, ein Institut, ein Eigenthum der Kirche geworden, kann doch dieser kirchliche Charakter nicht abermals verliehen werden, — das wäre widersinnig.

Oder meinte das hohe k. k. Ministerium, durch die obige Erklärung sei dem Beneficium der kirchliche Charakter wirklich entzogen worden? Ein genauerer Einblick in den Stiftbrief, namentlich in den Artikel 26, wo der Stifter sich feierlich und energisch gegen jede Aenderung, also a fortiori gegen die Entziehung des wesentlichen, des beneficialen Charakters verwahrt, und ein Blick auf die gegenwärtige Praxis und Behandlung des Beneficiums im Wesentlichen müsste wohl das hohe k. k. Ministerium eines Andern und Besseren belehren.

Es scheint völlig unbegreiflich, wie das hohe k. k. Ministerium zu einer solchen Annahme gelangen und damit die förmliche Desavouirung des hochw. f. e. Ordinariates motiviren konnte.

Diese Stellungnahme des hohen k. k. Ministeriums in dieser Frage erscheint noch bedauerlicher, wenn in Betracht gezogen wird, dass die Bitte um Wiederanerkennung des Beneficiums eigentlich nur die Sanatio eines früheren Irrthums oder Missgriffes, die Bitte um Zurücknahme der vielgedachten Erklärung und die Bitte um Wiederanordnung der canonischen Einsetzung bedeutete, die sofort und zwar nur deshalb gewährt worden war, weil der Gewährung derselben kein Hinderniss entgegenstand.

— Von diesem Standpunkte aus muss die verweigerte Zustimmung des hohen k. k. Ministeriums als eine Competenz-Ueberschreitung und Eingriff in die rein innerkirchliche Jurisdiction erscheinen.

Und wenn schliesslich bedacht wird, dass es sich in der Frage um eine grossartige, die Stiftung des k. k. Hofrathes v. Schwandtner handelt, eines hervorragenden und hochangesehenen Dieners des kaiserlichen Hauses eine Stiftung, die die Kaiserin Maria Theresia Namens des kaiserlichen Hauses für alle Zeiten des Schutzes dieses kaiserlichen Hauses versichert; die Kaiser Joseph II. selbst in Pietät gegen seine erhabene Mutter die grosse Kaiserin in Schutz genommen, der sich auch Kaiser Franz I., als der erste Angriff auf dieselbe unternommen worden, auf das wärmste angenommen hat, so kann man billig die Frage stellen, wie glaubt das hohe k. k. Ministerium diesen Thatsachen gegenüber sein Vorgehen, das einer gewissen geheimen kirchenfeindlichen Gehässigkeit äusserst ähnlich sieht, mit der, dem kaiserlichen Hause schuldigen Pietät vereinbaren zu können?

Wird es bei der Entscheidung des hohen k. k. Ministeriums für Cultus und Unterricht sein Verbleiben haben?

Das hochwürdigste f. e. Ordinariat hat diese Entscheidung dermalen für eine nur „vorläufige" erklärt, d. h. es werden über diese Angelegenheit noch mehr Worte allenfalls von einer noch höheren Instanz gesprochen werden müssen.

II. Bilden die Beneficiaten bei St. Peter ein Collegium?

Wo mehrere Priester gemeinschaftlich wohnen und wirken, nennt man sie eine Communität. Es gibt verschiedene Priester-Communitäten; solche, wo mehrere Priester auf Grund der allgemeinen priesterlichen Verpflichtungen sich vereinigen, zur gegenseitigen Erbauung; Consortien genannt; solche, wo dieselben durch ein Officium zusammengehalten werden, z. B. der Pfarrer mit seinen Hilfspriestern; dann solche, wo alle auf Grund einer gemeinsamen Regel beisammen leben, Congregationen und Ordensfamilien; diese letztern werden auch Collegien, wenn auch nur im allgemeinen und weitern Sinne des Wortes genannt.

Dann gibt es Communitäten, die sowohl durch ein gemeinsames Officium, als auch durch ein Statut vereinigt werden, eine „societas collegarum in uno corpore positorum," ein Collegium im engeren Sinne des Wortes, im Sinne des canonischen Rechtes.

Die Eigenthümlichkeiten und Kennzeichen eines solchen Collegiums sind: die collegialitas, die gleiche Berechtigung und Verpflichtung zum Officium, die freie Wahl des Oberhauptes, die Verpflichtung zur gemeinsamen Lebensweise durch Statut, die massa communis, das Sigill, dass Abzeichen und Acta die collegialiter geschehen.

Wie Ferraris bemerkt, ist es nicht nothwendig, dass alle diese Kennzeichen insgesammt vorhanden seien und kann man schon aus dem Vorhandensein einiger derselben auf den collegialen Charakter einer Communität schliessen. Einige derselben kommen auch bei einfachen Communitäten vor; jedoch unterscheidet sich die einfache Communität von dem Collegium, dass es in ihr keine Dignitäten gibt, dass den Gliedern einer einfachen Communität kein Abzeichen zukommt, weil letzteres nur den Gliedern eines wirklichen Collegiums eigen ist.

Zu welcher Art von Communitäten gehört nun die Beneficiaten-Communität bei St. Peter? Eine einfache Versammlung, wo sieben Priester zusammenleben, um ihr Officium zu persolviren und sich gegenseitig zu erbauen, ein sogenanntes Consortium ist sie nicht, denn es sind hier Beneficiaten, die ihr besonderes munus, ihr Officium haben, wie es die Stiftung vorschreibt. Ebensowenig ist sie bloss eine Communität, wie sie die Seelsorgspriester einer Pfarre bilden: wo nur ein Beneficium, ein

Beneficiat, nur eine Person cum titulo perpetuo, die übrigen aber „sine titulo, bloss modo precario ad instar famulatus spiritualis" also „ad nutum amovibiles" bestehen. Im eigentlichen Sinne kann hier von einer Communität keine Rede sein, da es kein munus commune, sondern nur ein „einziges" munus gibt, das des Pfarrers. Die Beneficiaten von St. Peter bilden aber eine wirkliche Communität. Denn ein Jeder derselben hat seinen Titel, sein Beneficium, sein munus, sein Officium, das bei allen dasselbe, also gemeinsam und kein blosser famulatus modo precario ist.

Es ist eine Beneficiaten-Communität und daher verschieden von jenen, deren Grundlage eine Regel bildet, die den Einzelnen persönlich verpflichtet, wie in den Orden und Congregationen; das Statut der Beneficiaten Communität bindet nur die Communität und die Mitglieder nur so lange, als sie der Communität angehören.

Es bleibt somit noch jene engere Gemeinschaft mehrerer Priester die wegen ihres gleichen Amtes gleichsam e i n e Persönlichkeit und Körperschaft bilden die „societas collegarum in unum positorum, das Collegium im Sinne des canonischen Rechtes.

Ist die Beneficiaten-Communität bei St. Peter ein solches Collegium, kann sie den Character, die Eigenthümlichkeiten und Kennzeichen eines solchen nachweisen?

In den diessbezüglichen Bestimmungen des Stiftbriefes und der Bestätigungsurkunde ist klar ausgesprochen: [1])

Dass die Beneficiaten nicht in bloss loser äusserer Verbindung „quoad munus et officium" nebeneinander bestehen, also nicht bloss eine einfache Communia, eine Communität, sondern eine engere innere Verbindung unter und mit einander bilden sollen und zwar:

a) mit einem Haupte aus ihrer Mitte — nicht bloss zur Ueberwachung der Stiftung — sondern auch mit Jurisdiction über sie quoad votam et mores mit Vertretungsrecht nach Aussen;

b) mit einem gemeinsamen Officium,
„ dem englischen Rosenkranze,
„ der täglichen Conventual-Messe pro Fundatore et benefactoribus,
„ den regelmässigen Präsenzleistungen;

c) mit einer gemeinsamen Lebensweise,
mit gemeinsamer Wohnung,
„ gemeinsamer Kleidung,
„ gemeinsamen Tisch;

---

[1]) Vide Anhang Stiftbrief Art. 9, 10, 16, 17, 25. Bestätigungsdecret Alin. 3, 4.

d) mit einem eigenen Oeconomen für den Haushalt und einem eigenen Sacristei-Director für die Kirche und zwar getrennt vom Decanate;
e) mit einem gemeinsamen Distinctions-Zeichen.

Das ist aber die Collegialitas, der Corporations- und collegiale Charakter, den die Stiftung — die Beneficiaten-Communität — nach dem Willen des Stifters annehmen sollte.

Dieser collegiale und Corporations-Charakter fand auch seinen Ausdruck in dem Sigill, das ehemals im Gebrauche stand.

Es sind somit die wichtigsten und wesentlichsten Erfordernisse zur Bildung eines Collegiums von Seite der Beneficiaten-Communität St. Peter unzweifelhaft vorhanden: die Collegialitas, der Decan, die vita und massa communis, das Abzeichen und das Sigill.

Aber so wird eingewendet, der Stifter spricht nirgends von einem Collegium; dieser Ausdruck kommt im Stiftsbriefe nicht vor.

Allerdings gebraucht der Stifter diese Bezeichnung, diesen Ausdruck nicht, aber er spricht nichts destoweniger so ausdrücklich, so klar und deutlich von der Sache, d. h. von der engeren inneren Verbindung der Beneficiaten zu einer Körperschaft, gibt alle die Kennzeichen und Erfordernisse eines Collegiums, die substantia so klar und deutlich an, dass der Abgang des Wortes voll aufgewogen wird, „non enim cortex verborum sed substantia voluntatis attendenda est." sagt Card. de Luca.

Und wenn aus dem Abgange des Ausdruckes auf den Mangel der Absicht des Stifters ein Collegium von Beneficiaten zu gründen geschlossen werden will, wozu dann die Aufstellung eines Decans für die Beneficiaten?

Für Beneficiaten, die nicht ein Collegium, eine Körperschaft bilden sollen, bedurfte es keines eigenen Decans mit Jurisdiction nach Innen und Vertretungsrecht nach Aussen; da genügte ein einfacher Rector Ecclesiae, wie er vor Errichtung des Stiftungscollegiums bei St. Peter bestand, der den andern daselbst fungirenden Priestern das Officium anwies, bedurfte es nicht eines eigenen Sacristei-Directors und Oeconomen; Beneficiaten, die nicht ein Collegium bilden sollten, konnte nicht die Verpflichtung zur gemeinsamen Lebensweise, konnte nicht die tägliche Conventual-Messe pro benefactoribus auferlegt werden; Mitgliedern eines einfachen Consortiums, einer einfachen Congregation und selbst einer einfachen Communität kommt kein gemeinsames Abzeichen zu. [1])

Wenn dagegen erinnert werden will, dass das Abzeichen der Beneficiaten nur ein einfaches Bruderschaftszeichen sei, so muss erwidert werden,

---

[1]) Rigantius comment. ad Reg. IV. Cancell. § 2 u. 92.

dass diess auf irrthümlicher Information beruhe, denn diese Behauptung würde voraussetzen, dass die Beneficiaten dieses Abzeichen bloss als Mitglieder der Bruderschaft der allerheiligsten Dreifaltigkeit zu tragen hatten und dass die Beneficiaten bloss Bruderschaftscapläne seien — dem ist nun nicht so.

Die Beneficiaten waren zur Mitgliedschaft der Bruderschaft der allerheiligsten Dreifaltigkeit nicht einmal verpflichtet, denn nirgends ist von dieser Verpflichtung die Rede. Die Beneficiaten waren auch keine blossen Bruderschaftscapläne; denn die Beneficiaten sind hauptsächlich und in erster Reihe „cum fine primario" laut Artikel 9 und noch klarer laut Artikel 10, Alina 2 gestiftet: „um den Gottesdienst, wie selber zur Ehre Gottes erforderlich und theils durch die ehrw. PP. ad St. Hieronymum oder andern bis anher bestritten worden, zu versehen." Die Stiftung ist ein wirkliches Beneficium. Das Beneficium ist aber nicht ein Institut, ein Eigenthum der Bruderschaft, sondern der Kirche. Höchstens könnte man sagen, das Beneficium sei gestiftet zu demselben Zwecke, zu welchem auch die Bruderschaft gegründet ist: zur Verherrlichung der allerheiligsten Dreifaltigkeit, und waren die Beneficiaten desshalb nur in zweiter Reihe und nicht hauptsächlich verpflichtet auch den Bruderschaftsgottesdienst zu versehen. Die Inschrift des Abzeichens lautet demgemäss: Beneficiati ss. Trinitatis und nicht confraternitatis ss. Trinitatis.

Das Abzeichen hat desshalb keinen blossen Privat-, sondern einen kirchlichen Charakter; es ist das Abzeichen eines kirchlichen Amtes, eines kirchlichen Officiums, das von ähnlichen Aemtern ausgezeichnet werden, einen Vorzug haben sollte, desswegen, weil auch für dasselbe höhere Leistungen stiftungsgemäss gefordert wurden. — Das Abzeichen sollte auch an die gemeinsamen collegialen Verpflichtungen erinnern. Ein Collegium ist aber ein kirchliches Institut. Wäre dem nicht so, d. h. wäre das Abzeichen ein blosses Bruderschaftszeichen und nicht das Abzeichen eines kirchlichen Amtes, eines kirchlichen Institutes, eines Collegiums, so hätte dasselbe sofort nach Aufhebung der Bruderschaft ss. Trinitatis abgelegt werden müssen, weil es dann seinen Zweck, seine Bedeutung verloren hätte. Zum blossen Andenken an die ehemalige aufgehobene Bruderschaft wäre dasselbe gewiss nicht gestattet worden. Indem die kirchliche Behörde nach Aufhebung der Bruderschaft ss. Trinitatis das Ueberreichen und Forttragen des Abzeichens gestattete, sprach sie unzweifelhaft und unzweideutig dessen höheren, i. e. kirchlichen Charakter aus.

Es wird noch bemerkt, dass dem Collegium die Bestätigung durch den apostolischen Stuhl abgehe.

Ein Collegium kann nur durch oder mit Genehmigung des apostolischen Stuhles errichtet werden, so lautet die kirchliche Vorschrift.[1]) Ob diese Genehmigung erfolgt sei oder nicht, ist aber nicht so sehr Sache des Collegiums, als der betreffenden kirchlichen Behörde. Diese Genehmigung musste wohl vorausgesetzt werden, als von dem hochwürdigsten f. e. Ordinariate die Stiftung activirt und anerkannt wurde. Höchstens wäre eine Sanatio dringend angezeigt. Da aber bei der formellen Bestreitung des collegialen Charakters der Beneficiaten - Communität St. Peter schon im Zeitraum von über 100 Jahren — also „legitimum[2]) tempus, quo habitum sit pro Collegio" verstrichen ist, so ist mit Recht die Praesumptio vorhanden und der Einwurf auch dadurch entkräftet.

Alle die verschiedenen Einwürfe verlieren ihre Bedeutung und Gewicht durch die Thatsache, dass die competente kirchliche Behörde das hochw. f. e. Ordinariat die Beneficiaten-Communität St. Peter ausdrücklich und förmlich anerkannt hat und zwar:

I. Von allem Anfange an

a) durch die feierliche Einführung der Stiftungsbeneficiaten in das Presbyterium der Kirche und die Anweisung von Sitzen gegenüber dem Faldistorio;

2. durch die Verpflichtung derselben zur Conventual-Messe und den Präsenzleistungen;

3. durch die Erlaubniss und Gestattung eines Capitelkreuzes;

4. durch die feierliche Ueberreichung des Distinctions- als Collegiumszeichens und die solemne Vorstellung vor dem Gremium;

5. durch die Bewilligung eines eigenen Birrettes und Rochettes.

II. In späterer Zeit und zwar a) ausdrücklich dadurch:

1. dass das hochw. f. e. Ordinariat mittelst Note vom 24. Juli 1779 den landesfürstlichen Beneficiaten und Rector Eccl. von der Superintendenz der Kirche St. Peter enthob und diese formell dem Decan des Collegiums übertrug, womit die Kirche St. Peter dem Collegio einverleibt und von da an „collegiata" benannt wurde;

2. dass bei Uebergabe der Pfarre an das Collegium das hochwürdige f. e. Ordinariat die Priorität und Selbständigkeit des Collegiums durch die Erzbruderschaft ss. Trinitatis in einem Congregationsbeschluss

---

[1]) Entscheidung der s. Congregation 1626 nach Card. de Luca.
[2]) Nicht von dem Jahre 1857.

13. April 1783 §. 13 wahren und das Verhältniss zwischen beiden präcisiren liess:

3. dass selbst der hochw. Herr Fürsterzbischof Cardinal Rauscher in einer Zuschrift vom 28. November 1857 erklärte, dass die Beneficiaten bei St. Peter berechtigt seien, sich ein Collegium zu nennen.

b) Thatsächlich.

a) Indem beständig Decane gewählt, resp. vorgeschlagen und kirchlicherseits bestätiget, die canonisch instituirten Beneficiaten dem Collegio vorgestellt und einverleibt wurden;

b) indem Visitationen gehalten, das Collegium als solches behandelt, nichts gegen dessen Bestand erinnert wurde;

c) indem bei Uebergabe der Pfarre im Jahre 1783, obgleich dieselbe eine Seelenanzahl von 7200 Seelen umfasste, doch keine Hilfspriester ernannt wurden; die Beneficiaten mit und unter ihrem Decan also collegialiter die Pfarrseelsorge versehen sollten;

d) indem das hochw. f. e. Ordinariat von 1783 bis 1832 die Pfarre nicht öffentlich ausschrieb;

e) indem das hochw. f. e. Ordinariat die Herren Andreas Kastner und Maxim. Leopold Horni zuerst zu Beneficiaten und dann erst zu Decanpfarrer vorschlug.

Diese Anerkennung spricht das hochw. f. e. Ordinariat bis auf den heutigen Tag noch dadurch aus, dass es dem Vorsteher des Collegiums ämtlich den Titel: „Decan der Schwandtner'schen Stiftung" ertheilt.

Diese Anerkennung als Weltpriester-Collegium genoss die Beneficiaten-Communität bei St. Peter auch von Seite der staatlichen Behörde:

a) Kaiserin Maria Theresia sprach dieselbe aus in dem Bestätigungsdecrete vom 24. April 1754, Alinea 3 und 4.

b) Kaiser Josef II. sprach sie aus, indem er die Pfarre resp. das Pfarrrecht an das Collegium übertrug, ohne die Unabhängigkeit der Pfarre hervorzuheben und zu wahren, nach Aufhebung der Bruderschaft ss. Trinitatis das Collegium nicht mit aufhob, sondern den Stiftungsfond sorgfältig vom Bruderschaftsvermögen ausscheiden und ersteren in die selbständige Verwaltung dem Collegium übergeben liess;

c) im Jahre 1833, als die Pfarre das erste Mal öffentlich ausgeschrieben und ein dem Collegium nicht angehöriger Candidat für das Decanat und die Pfarre vorgeschlagen wurde, wies die Landesregierung ausdrücklich auf das Recht des Collegiums hin;

d) Kaiser Franz I. wies bei derselben Gelegenheit in seinem Handschreiben vom 22. Juni 1833 auf dieses Recht und damit auf den collegialen Charakter der Beneficiaten - Communität St. Peter hin, indem er erklärt, dass die Ernennung Kastner's nur „Ausnahmsweise wichtiger Gründe halber" geschehe und künftig die Curat-Beneficien bei St. Peter nur solchen Priestern verliehen werden sollen, von denen man versichert sei, sie werden sich dort dergestalt ausbilden, um einst vollkommen fähig zu sein, daselbst auch das Pfarramt zu verwalten."

Und noch immer erkennt die staatliche Behörde das Collegium wenigstens thatsächlich an, dass sie die Beneficiaten-Communität in der selbständigen Verwaltung ihres Stiftungsfondes belässt, und derselben das Recht der Stipendien-Verleihung zuerkennt.

Der collegiale Charakter der Communität bei St. Peter ist also auf Grund der eben angeführten Thatsachen ausser Zweifel gestellt. Er wurde auch kirchlicher- und staatlicherseits anerkannt und wird thatsächlich noch immer anerkannt.

Der collegiale Charakter hängt mit der Stiftung untrennlich zusammen. Er lag in der Intention des Stifters. Der Stifter hat ihn seiner Beneficiaten-Stiftung aufgeprägt. Diesen collegialen Charakter angreifen oder bestreiten, hiesse die Stiftung in ihrem Wesen angreifen; diesen collegialen Charakter aberkennen oder entziehen, das Collegium auflösen, hiesse die Grundlage des Bestandes der Stiftung erschüttern. Denn wenn die Beneficiaten-Communität bei St. Peter kein Collegium mehr sein soll, so hört auch der Decan auf, und mit dem Decane die Beneficiaten, wie sie nach der Intention des Stifters sein sollen.

Würde das Collegium aufgelöst, so müssten für die Beneficiaten auch die collegialen Obliegenheiten, die Verpflichtung zur täglichen Conventual-Messe pro Fundatore und die Application pro benefactoribus, sowie die regelmässigen Präsenzleistungen entfallen. Mit der Entziehung des collegialen Charakters i. e. Auflösung des Collegiums und dem Aufhören des Decans würde auch das Präsentationsrecht Sr. Majestät cassirt.

Hat aber die Beneficiaten-Communität bei St. Peter wirklich den Charakter eines Weltpriester-Collegiums, so frägt es sich jetzt, wie hat sich die im Jahre 1783 daselbst errichtete Pfarre zu diesem Collegium von Rechtswegen zu stellen?

III. **Hat das Beneficiaten-Collegium ein Recht auf diese Pfarre?** Wem gehört die Pfarre, wer ist Pfarrer? Ist es das Collegium que tale, ist es der Decan des Collegiums oder ein anderes aus demselben zu wählendes Mitglied? Oder ist die Pfarre freier Collation resp. landesfürstlichen Patronates, also auch ausserhalb des Collegiums zu vergeben?

Alle diese Fragen reduciren sich im Grunde auf zwei: Ist die Pfarre eine öffentliche, unabhängige Collations- resp. Patronatspfarre, oder ist sie mit dem Beneficiaten-Collegium oder Decanate unirt?

1. **Ist die Pfarre St. Peter Collationspfarre?**

In dem Decrete Kaiser Joseph II., womit die Pfarre errichtet wurde, ist die einfache Errichtung der Pfarre und die Ernennung des Pfarrers enthalten. Es ist hiemit nicht gesagt, ob auch in der Zukunft der jeweilige Decan des Collegiums oder sonst einer der Beneficiaten oder auch ein anderer Priester zum Pfarrer zu ernennen sei; also ob die Pfarre unabhängig oder unirt sein soll.

Für die Unabhängigkeit und gegen die Union spricht das kirchliche Recht. „Beneficia sine diminutione conferantur"[1]) und „Unio in jure reputatur odibilis, nec praesumitur, sed probari debet."[2]) Die Union ist eine Innovation, eine Alteration, eine Ausnahme.

Nichtsdestoweniger lag in diesem Falle die Ausnahme näher als die Regel. Zwei ungleichartige compatible Beneficien sub uno tecto, auf eine und dieselbe Kirche angewiesen, also die Leichtigkeit der Vereinigung und Gründe, die diese Union wünschenswerth machen, liessen „a priori" annehmen, dass es bei der Regel, also bei der Unabhängigkeit der Pfarre, sein Verbleiben nicht haben werde. Und hätte es dessen ungeachtet dabei bleiben sollen, so hätte dieses unter solchen Umständen klar und ausdrücklich ausgesprochen werden müssen. — Ist dies geschehen?

Weder im Pfarrerrichtungs-Instrumente noch in sonst einer Weise.

Nicht im Errichtungs-Instrumente, denn dieses bestimmt, wie oben gesagt worden, für die Folge gar nichts.

Nicht in sonst einer Weise, und zwar nicht einmal indirect. Von 1783 bis 1832 wurde die Pfarre gar nicht öffentlich ausgeschrieben. Diese erste Praxis spricht entschieden dagegen. Aber auch bei den zwei folgenden Besetzungen geschah es nicht. Es wurden die betreffenden hochw. Herren zuerst zu Beneficiaten, sodann zu Decanpfarrern ernannt. Wozu diese complicirte Ernennungsform? Wäre es nicht einfacher

---

[1]) Greg. IX. lib. III. lit. 12.
[2]) Card. de Luca de paroch. discurs. 35. u. 12.

gewesen, wenn wirklich zur bewussten Zeit die Pfarre unabhängig und zur Collationspfarre gemacht worden wäre, „brevi manu" den Pfarrer vorzuschlagen ohne Rücksicht auf das Collegium und den Decan? Die Unabhängigkeit der Pfarre wurde nicht ausdrücklich gewahrt. Es kam also unzweifelhaft zur Union; diese wurde dringend geheischt von einer causa justa i. e. „manifesta utilitas und necessitas Ecclesiae," wie sie das Tridentinum vorschreibt.[1]

Die Kirche ad St. Petrum war bereits seit 24. Juli 1779 dem Collegium übergeben, unbeschadet des Patronatsrechtes Sr. Majestät, als sie am 9. April 1783 auch zur Pfarrkirche erhoben wurde.

Sollte nun neben dem Beneficiaten-Collegium ein eigener Pfarrclerus angestellt werden? Das erschien weder thunlich noch angezeigt. Die Union behob alle Schwierigkeiten. Sie war nothwendig. Die Union kam eben auch beiden trefflich zu statten. Der Pfarre, diese erhielt einen gediegenen Clerus; dem Collegium, es konnte eine ausgedehntere Thätigkeit entfalten.

Welche Art von Union hatte nun stattgefunden; ist die Pfarre mit dem Collegium als Körperschaft oder ist sie bloss mit der Dignität innerhalb dieser Körperschaft mit dem Decane vereinigt worden? Die Vereinigung von Dignitäten mit Beneficien „in perpetuum honoris causa" ist wohl nicht gegen allen kirchlichen Usus. Wir haben selbst in Wien zwei derartige Beispiele. Der General-Abt der Mechitaristen hat Anspruch auf die erzbischöfliche Würde und ein Mitglied des Metropolitancapitels ist immer zugleich Pfarrer der Votivkirche.

Durch diese Vereinigung der Pfarre mit dem Decane würde die Pfarre gleichsam ein Appendix, ein Inhaereus des Decanates im Beneficiaten-Collegium bei St. Peter; das wäre ein Privilegium und in Folge dessen der Decan quasi natus Parochus ad St. Petrum.

Wie will man dieses Privilegium beweisen?

In dem Ernennungsdecrete des ersten Decans zum Pfarrer verlautet davon nichts.

Auch ein anderes Document lässt sich für dieses Privilegium nicht beibringen. Ein directer Beweis kann somit für dasselbe nicht geführt werden. Bliebe nur noch die Praesumtio. Aber auch da heisst es: „Privilegia restringenda." Aus Präsumtionsgründe führt man an: die gleich ursprüngliche Vereinigung der Pfarr- mit der Decans-Dotation und aus der Folgezeit: dass seither die Decane immer zu Pfarrern ernannt wurden, sich also hiefür eine förmliche consuetudo centenaria gebildet habe.

---

[1] Trid. sess. VII cap. 6. de reform.

Aber abgesehen davon, dass die Präsumtio eines Privilegiums rechtlich nicht zulässig ist, sind auch diese angeblichen Beweisgründe nicht gegen jede Anfechtung gesichert. Das Privilegium des Decans hätte zur Voraussetzung, dass die Pfarre mit dem Decane nicht qua Decano collegii, sondern als Privatperson aus dem Collegium unirt sei, der Decan also von dem Collegium getrennt werde. D i e s e Trennung des Decans vom Collegium setzt aber die Vereinigung der Decans- und Pfarrdotation nicht voraus. Eine solche Trennung wäre willkürlich gegen den kirchlichen Gebrauch, gegen alle rechtliche Praxis: es entpricht im Gegentheile mehr dem Geiste des kirchlichen Rechtes, wenn Amt und Würde und Stellung respectirt wird, wenn also in unserem Falle die Union der Pfarrer mit dem Decane, que Decano Collegii, dem Haupte und Vertreter des Collegiums und daher mit dem Collegium gesucht und bewerkstelligt wird, als wenn von dem Amte und der Stellung des Decans abstrahirt, diese ignorirt würden.

Aus demselben Grunde spricht auch die angeführte consuetudo contenaria m e h r g e g e n das Privilegium des Decans, als für dasselbe.

Entschieden gegen dieses Privilegium spricht jedoch der Umstand, dass für den Fall d i e s e r Union Pfarrhilfspriester eigens ad hoc hätten angestellt werden müssen, was aber thatsächlich nicht geschehen ist.

Die Union der Pfarre mit dem Decane in abstracto im Sinne des Privilegiums fand also nicht statt.

Bleibt also nur noch die zweite Alternative, die Union der Pfarre mit dem Decano in concreto, d. h. qua Decano, als Oberhaupt, als Vertreter des Collegiums, also mit dem Collegium selbst, durch den Decan; es wäre diess die Unio per adnexionem.

Die Eigenthümlichkeit dieser Union besteht darin, dass das Accessorium in die Natur des Prius und Principale übergeht und wenn das Prius und Principale ein Collegium, eine Körperschaft bildet eine fortdauernde Verbindung zwischen Collegium und Pfarre hergestellt wird, derzufolge die Pfarre, wenn auch ein Glied der Körperschaft, der Pfarrführer ausscheidet, nicht vacant werden kann, weil dieselbe durch die Körperschaft, die fortbesteht, repräsentirt wird.

Ist nun diese Art von Union per adnexionem bei der Pfarre St. Peter wirklich eingetreten?

Ist die Pfarre wirklich mit dem Collegium unirt?

Direct, durch ein Document über die vollzogene Union dieser Art lässt sich diess allerdings nicht nachweisen. Hingegen lassen sich eine ganze Reihe von Beweismomenten anführen, die einen indirecten Beweis ermöglichen, die Rechtspraesumtion zulässig erscheinen lassen, für diese Art der Union spricht:

1. der schon erwähnte Congregationsbeschluss der Bruderschaft der allerheiligsten Dreifaltigkeit. Derselbe spricht von dem Verhältnisse der Pfarrseelsorge zu den Stiftungsobliegenheiten, daher auch von der Theilnahme der Beneficiaten an der Pfarrseelsorge unter und mit ihrem Decane;

2. Für diese Union spricht auch das schon genannte Handschreiben Kaiser Franz I., demzufolge sich die Beneficiaten bei St. Peter dergestalt ausbilden sollen, dass sie dort das Pfarramt — als Decane führen könnten.

3. Ebenso die gleichzeitige Erinnerung und der Hinweis der Landesregierung „auf das Recht des Collegiums."

4. Am klarsten und unzweideutigsten spricht hiefür die Praxis des hochw. f. e. Ordinariates selbst.

Es wurde die Pfarr- und Decansdotation von allem Anfange an vereinigt.

Es wurden keine Hilfspriester für die Pfarre ernannt; es wurde die Pfarre bis 1833 nicht öffentlich ausgeschrieben; es wurden Visitationen gehalten und gegen diesen status quo dieser Union nichts erinnert.

5. Auch in der öffentlichen Meinung galt die Pfarre als dem Collegium angehörig, also durch diese Union mit dem Collegium vereinigt.

Wenn dagegen eingewendet werden wollte, bei dieser Art von Union hätte von Seite des Collegiums ein Vicarius zur Führung der Pfarrgeschäfte deputirt werden müssen; von einem solchen sei aber nie die Rede gewesen, so wäre zu bemerken, dass allerdings ein solcher ausdrücklich nicht genannt worden sei, immer nur von Pfarrern die Sprache gewesen, dass aber dieser Mangel an der ausdrücklichen und richtigen Bezeichnung allein noch keinen Gegenbeweis abgebe, so lange so klare und deutliche Beweismomente für die Union der Pfarre mit dem Collegium durch den Decan sprechen. Es werden ja auch im Privat-, sogar im amtlichen Verkehre Titel und Bezeichnungen gebraucht, beispielsweise Pfarrer genannt, die es eigentlich nicht sind.

Dass auch die Bezeichnung und der Titel eines Pfarrers bei St. Peter nicht in dem Sinne gebraucht worden ist, wie bei andern Collationspfarren beweist wohl am deutlichsten das Handschreiben Kaiser Franz, die Note der damaligen Landesregierung an das hochw. f. e. Ordinariat in dieser Angelegenheit und die dreimalige Aufforderung des hochw. f. e. Ordinariates an die Beneficiaten um das Decanat und die damit verbundene Pfarrführung zu competiren.

„Der Anhaltspunkte" zum Nachweise, dass die Pfarre St. Peter keine Collationspfarre, sondern mit dem Beneficaten-Collegium durch den Decan unirt sei, dürften hiermit wohl hinreichend geboten sein.

Dem ist aber seit 1833 anders geworden, heisst es.

Allerdings glaubte Fürsterzbischof Milde nach dem Tode des Decanpfarrers Sauermann 1832 von diesem status quo von dieser consuetudo von 40 Jahren abgehen zu sollen. Es wurde die Pfarre zum ersten Male öffentlich ausgeschrieben.

Durch diese öffentliche Ausschreibung sollte das bisherige Verhältniss der Pfarre zum Collegium gelöst, die Pfarre zur Collationspfarre gemacht, resp. dem h. landesfürstlichen Patronate unterstellt und dadurch für die Pfarre ein eigenes Patronat neu geschaffen werden, denn bisher hatte weder Kaiser Joseph II.[1]) noch ein anderer Nachfolger auf dem Throne dieses Patronatsrecht für die Pfarre getrennt, vom Präsentationsrechte für das Decanat bei St. Peter verlangt.

Die Sache schien neu und auffällig. Die Landesregierung wies auf das bisherige Verhältniss und das Recht des Beneficiaten-Collegiums auf die Pfarre hin, demzufolge mit dem Decanate die Pfarrführung verbunden sei und auch der Patron, Kaiser Franz I. erklärte gelegentlich der Ernennung Kastners zum Decanpfarrer, dass diese Ernennung „nur ausnahmsweise" und wichtiger Gründe halber geschehe. Lehnte also das für die Pfarre getrennte Patronat ab.

Mittlerweile wurde Kastner noch vorher zum Beneficiaten ernannt, und in das Collegium eingeführt und sodann die Ernennung zum Decanpfarrer vollzogen. Mit dieser vorherigen Ernennung Kastner's zum Beneficiaten und dessen Einführung in das Collegium wurde auch von Seite des hochw. f. e. Ordinariates das frühere Verhältniss der Pfarre zum Beneficiaten-Collegium wieder anerkannt, resp. wiederhergestellt.

Es wurde damit wenigstens thatsächlich anerkannt

a) dass nur ein Mitglied dieses Collegiums zur Pfarrführung berufen werden könne;

b) dass die Pfarrführung mit dem Decanate verbunden sein solle;

---

[1]) Kaiser Joseph II. beruft sich im Pfarr-Erections-Instrumente bloss auf das alte Patronatsrecht der Erzherzoge von Oesterreich auf die Kirche St. Peter. Die Kirche war aber damals 1783 schon dem Beneficiaten-Collegium in spiritualibus übergeben, hatte also schon ihren Rector, ihre Boneficiaten. Die Schaffung eines neuen Patronates über ein neues Beneficium daselbst, das von dem früheren ganz getrennt bleiben sollte, hätte zum mindesten ausdrücklich erwähnt, wenn nicht schon ausdrücklich stipulirt werden müssen.

c) dass es demgemäss einer öffentlichen Ausschreibung der Pfarre nicht bedürfe;

Die Angelegenheit schien wieder geordnet.

Da erfolgte 1847 die Ernennung Kastner's zum Domcapitular von von St. Stefan.

Fürsterzbischof Milde liess die Pfarre St. Peter abermals öffentlich ausschreiben. Diese abermalige öffentliche Ausschreibung erregte allgemeines Aufsehen und Verwunderung, denn noch war die Affaire von 1883 in lebendiger Erinnerung. Man wusste sich nicht zu erklären, warum Fürsterzbischof Vinzenz v. Milde sonst von so gerühmter Gerechtigkeitsliebe und Hochschätzung der kaiserlichen Regierung und des kaiserlichen Willens gegen ein kirchliches Recht, das so wohl begründet, bis lang anstandslos vom hochw. f. e. Ordinariate selbst anerkannt, durch eine consuetudo von 40 Jahre gefestiget, durch die Landesregierung und den kaiserlichen Willen gestützt wurde, vorgehe?

Es wurde der Spiritual des f. e. Alumnates Leopold Maximil. Horni und zwar merkwürdiger Weise wie früher zuerst zum Beneficiaten, sodann zum Decanpfarrer ernannt; also einerseits wieder durch die öffentliche Ausschreibung die Loslösung der Pfarre vom Beneficiaten-Collegium ausgesprochen — andererseits durch die vorherige Ernennung Horni's zum Beneficiaten und Einführung desselben in das Collegium und nachherige Ernennung zum Decanpfarrer die Union der Pfarre mit dem Collegium durch den Decan anerkannt!

Nach dem Tode Horni's 1857 wurde die Pfarre wieder öffentlich ausgeschrieben. Auf die Vorstellungen seitens des Beneficiaten-Collegiums wurde die Erklärung gegeben: „Die Beneficiaten bei St. Peter würden bei der Besetzung der Pfarre berücksichtigt werden" und wurde auch ein Mitglied des Collegiums, der Subsenior, nachdem der Senior auf seine Ansprüche verzichtet hatte, gegenwärtige Prälat Josef Willim zum Decanpfarrer ernannt.

Diese Erklärung indess, so beruhigend sie auch klang, hatte nichts destoweniger vom Rechtsstandpunkte ihre Bedenken. Es konnte den Anschein haben, als ob das hochw. f. e. Ordinariat abermals auf den 1833 erstlich eingenommenen Standpunkt zurückgekehrt wäre, die Pfarre St. Peter als Collations- und Patronatspfarre betrachte, das Verhältniss derselben zum Collegium als gelöst ansehe, aber nicht sofort alle Consequenzen dieser Anschauung ziehen, nicht mit der Schärfe des Rechtes vorgehen, sondern Gnade für Recht üben wolle.

Wodurch und wie sollte diese Lösung erfolgt sein?

Aus innern Gründen, denjenigen, etwa die die Union herbeigeführt haben nach dem Rechtsgrundsatze: [1]). „Omnis res per quascumque causas nascitur, per easdem dissolvitur" also die „utilitas und necessitas Ecclesiae?"

Es müssten denn diese hinfällig geworden sein, speciell die Union der Pfarre mit dem Collegium ersterer nicht mehr zum Vor- sondern zum Nachtheile geworden sein, sei es in Folge von Nachlässigkeit in der Pfarrseelsorge, Unfähigkeit, Unwürdigkeit der Mitglieder des Collegiums oder Ueberbürdung derselben mit Stiftungsobliegenheiten? Von diesen Gründen dürfte das hochw. f. e. Ordinariat wohl keinen geltend zu machen gesonnen sein, indem dieselben auch durch die strengste canonische Untersuchung sich nicht constatiren liessen.

Oder sollte die Necessitas, die Nothwendigkeit der Vereinigung der Pfarre mit dem Collegium nicht mehr vorhanden sein? Dann müsste ein eigener Pfarrclerus gestiftet oder angestellt worden sein. Von einem solchen ist aber bei St. Peter bisher nichts gehört und bemerkt worden.

Oder waren es äussere Gründe, welche die Lösung herbeigeführt haben sollten, etwa weil das Collegium verfallen, ausgestorben, aufgelöst worden war oder eine andere Bestimmung erhalten hatte?

Von einer Auflösung des Collegiums kann keine Rede sein, weil eine solche nicht durch eine einfache Ordinariats-Verfügung, sondern nur unter gewissen Solemnitäten erfolgen kann und weil dann auch die ganze Stiftung aufgelöst, aufgehoben werden musste, denn so wenig der beneficiale, eben so wenig lässt sich der collegiale Character von derselben trennen.

Von der Veranstaltung einer canonischen Untersuchung über den rechtlichen Bestand der Union als auch des Collegiums selbst, ebenso auch von einer Aufhebung der Stiftung ist bis jetzt nichts bekannt geworden.

Die Stiftung besteht also noch — de jure — sowohl ihrem beneficialen als collegialen Charakter nach, wie der Stifter sie errichtet hatte.

Besteht aber die Stiftung und demgemäss das Beneficiaten-Collegium noch — de jure — und können keine rechtlichen Gründe für die Lösung der Union der Pfarre mit dem Collegium angeführt werden und konnte die Lösung auch nicht einfach und ist sie auch nicht ausgesprochen worden, so existirt dieselbe de jure fort.

---

[1]) Decret. Greg. lib. V. tit. XLI. cap. I.

„Es ist demnach auch kein Recht an das hochw. f. e. Ordinariat devolvirt; das hochw. f. e. Ordinariat ist nicht in Gefahr ein Recht aus der Hand geben zu müssen."

Es ist demnach auch nicht „immer so gewesen, dass das hochwürdige f. e. Ordinariat mit Recht die Pfarre öffentlich ausgeschrieben und frei vergeben hätte", indem selbst die drei letzten Besetzungen 1873, 1847, 1858 das Gegentheil beweisen. Ist aber dem so, dann haben die Beneficiaten Anspruch auf ihr Recht und nicht auf blosse Rücksicht.

Die Erklärung erscheint auch nach der formell rechtlichen Seite hin als unhaltbar.

War das f. e. Ordinariat rechtlich überzeugt, dass die Pfarre mit dem Collegium nicht unirt sei, dass die Thatsache derzufolge immer die Dekane desselben zur Pfarrführung berufen wurden, von keinem Belange, also keinerlei rechtliche consuetudo gebildet habe, die Pfarre also unabhängig Collations- und Patronatspfarre sei; dann bedurfte es dieser Erklärung nicht. In diesem Falle genügte ein einfacher Hinweis auf das kirchliche Gesetz.

War aber das hochw. f. e. Ordinariat dieser Ueberzeugung nicht, war es vielmehr durch das Gewicht der obgenannten Rechtsgewohnheit gedrängt, anzuerkennen, dass die Pfarre nicht unabhängig — weder gewesen, noch geworden sei — so musste nach dem Rechte vorgegangen werden, die Pfarre nicht ausgeschrieben, sondern höchstens wie früher bis 1833 die Beneficiaten zur Competur um das Decanat und damit um die Pfarrführung aufgefordert werden.

Die besondere Berücksichtigung verlor hiemit jede Bedeutung.

Aus dieser Darstellung der Pfarrfrage ergibt sich demnach als sicher:

1) **Die Pfarre bei St. Peter ist nicht unabhängig, nicht Collations- resp. Patronatspfarre, weder gewesen vom Anfange her, noch geworden im Verlaufe der Ereignisse.**

2) **Eine Union der Pfarre hat stattgefunden; mit dem Decane in abstracto als Privatperson — nicht — wohl aber mit dem Decane in concreto, d. h. qua Decano als Vertreter des Beneficiaten-Collegiums, also mit dem Collegium selbst.**

3) **Die Pfarre wird daher de jure nicht vacant, sollte daher de jure nicht öffentlich ausgeschrieben werden. — Das Beneficiaten-Collegium bei St. Peter hat begründeten Anspruch auf diese Pfarre.**

Es erübrigt nur noch die Stellung der Beneficiaten bei St. Peter zur Pfarrseelsorge, die in neuester Zeit gleichfalls unklar geworden, zu untersuchen.

Wie im I. Theile dieser Untersuchung erwähnt worden ist, wird bei Ausschreibung eines Beneficiums bei St. Peter die Bemerkung angefügt, dass die Curat-Beneficiaten bei St. Peter verpflichtet seien, den Pfarrer in der Eigenschaft von Cooperatoren zu unterstützen.

Welche rechtliche Bedeutung ist dieser Bemerkung beizulegen? Diese Bemerkung wurde zum ersten Male der Beneficiumsausschreibung im Jahre 1868 beigefügt. Es war kurz nachher, als die Benennung: Manual-Beneficium aufkam (1858). Offenbar standen beide Bemerkungen im Zusammenhange. Welche Tragweite und welche Geltung der ersteren Bemerkung betreffs der Benennung Manual - Beneficium zukomme, ist im I. Theile dargethan worden.

Die in Rede stehende Bemerkung zerfällt in zwei Theile:

a) dass die Beneficiaten überhaupt, und

b) dass sie in der Eigenschaft von Cooperatoren an der Pfarrseelsorge theilzunehmen verpflichtet seien.

Diese formelle Verpflichtung überhaupt und in der Eigenschaft von Cooperatoren ist etwas Neues.

Nach dieser Erklärung des hochw. f. e. Ordinariates scheint es für die Beneficiaten bei St. Peter bis 1868 keinerlei Verpflichtung zur Pfarrseelsorge gegeben zu haben. Und doch waren die Beneficiaten in derselben thätig und wurden hiezu verpflichtet?

In der früher gepflogenen Untersuchung der Stellung der Pfarre zum Beneficiaten - Collegium haben sich drei Fälle ergeben: Entweder ist die Pfarre Collations- resp. Patronatspfarre oder sie ist Unions-Pfarre und zwar entweder mit dem Decanate in abstracto oder mit dem Collegium durch den Decan in concreto, als Haupt und Vertreter des Collegiums unirt.

Im ersten Falle, wenn die Pfarre als Collations- resp. Patronatspfarre angesehen wird, steht sie dem Beneficiaten - Collegium frei und unabhängig gegenüber und kann auch an Nicht - Beneficiaten vergeben werden. Demgemäss stehen auch die Beneficiaten der Pfarre und Pfarrseelsorge frei und unabhängig ohne jedwede Verpflichtung gegenüber. Dem Rechte entspricht die Pflicht. Wo kein Recht, da auch keine Pflicht. Haben die Beneficiaten kein Recht auf die Pfarre, so hat die Pfarre auch kein Recht auf sie und haben die Beneficiaten keine Verpflichtung zu den Obliegenheiten der Pfarre; sie sind blos zu den Obliegenheiten ihres Beneficiums verpflichtet, ein neues Onus kann ihnen nach dem

Trident [1]) nicht auferlegt werden, selbst nicht tempore vacationis wie diess ältere Canonisten: Fagnanas [2]) und Reiffenstuel [3]) ausdrücklich behaupten und die s. Congregation in ihren neuesten Entscheidungen bestätiget hat. [4]) Sollten die Beneficiaten in diesem Falle überhaupt zur Pfarrseelsorge verpflichtet werden, so könnte diess nur auf Grund eines neuen Rechtstitels geschehen. Es müsste der Eine oder der Andere oder Alle freiwillig zur Theilnahme an der Pfarrseelsorge gewonnen werden und ihnen dafür eine Congrua ohne Rücksicht auf ihr Beneficium angewiesen werden nach dem Grundsatz: „Qui sentit onus sentire debet et commodum." [5]) Für diesen Fall bedürften sie auch einer eigenen Jurisdiction für die cura animarum externa, da mit dem Beneficium bloss die cura interna verbunden ist: diese Jurisdictionirung könnte allenfalls ad libitum gegeben und ad nutum wieder entzogen werden. Es wäre diess die Theilnahme an der Pfarrseelsorge in der Eigenschaft von Cooperatoren.

Im zweiten Falle, wo die Pfarre mit dem Decanate in abstracto unirt gilt, ergibt sich für die Beneficiaten dieselbe Situation wie früher. Die Beneficiaten werden in diesem Falle der Pfarre gegenüber ignorirt, ja in gewissem Sinne von der Pfarre, deren Rechten und demgemäss von deren Obliegenheiten, also von der Pfarrseelsorge ferngehalten; die Auferlegung einer Verpflichtung zur Pfarrseelsorge wäre gegenüber den Beneficiaten in diesem Falle eine contradictio in adjecto. Sollte die Pfarre doch Hilfspriester haben, so müssten dieselben eigens ernannt werden und könnten es auch Nicht-Beneficiaten sein.

Wird jedoch angenommen, dass die Pfarre mit dem Collegium durch den Decan unirt sei, so übernimmt das Collegium der Benificiaten als Körperschaft die Pfarrseelsorge.

Es deputirt, resp. überlässt Sr. Majestät per modum praesentationis die Bestimmung des Decans als Vicarius perpetuus, als Pfarrer, der die nach Aussen verantwortlichen Pfarrgeschäfte führt und versieht die interne und externe cura animarum gemeinschaftlich, d. h. die Beneficiaten mit und unter ihrem Decan collegialiter vi officii ex titulo Beneficii, titulo proprio.

---

[1]) Trident. sess. XXV. cap. V. de reform.
[2]) Fagn. X. III. u. 8.
[3]) Reiffenstuel lib. III. tit. 17. 4. 6.
[4]) 19. December 1857. Moy Archiv. III. 442.
[5]) Regula jur. LV. in Sexto.

So verhält es sich bei den Collegien und den damit verbundenen Pfarren in Kremsier und Nicolsburg.

Der Decan dieser Collegien führt den Namen Pfarrer und die Canonici dieser Capitel unterstützen den Pfarrer in der Pfarrseelsorge.

Wie die genaue Untersuchung dieser drei Fälle ergeben hat, ist es sicher, dass die Pfarre St. Peter niemals Collationspfarre weder gewesen noch geworden ist, dass es daselbst niemals — de jure — Cooperatoren im gewöhnlichen vulgären Sinne, Pfarrhilfspriester die ad libitum ernannt und ad nutum abberufen werden können, gegeben hat.

Die Beneficiaten wurden nicht separat hiezu ernannt, sie erhielten ihre Jurisdiction als Beneficiaten mit eigenem Titel pro tempore officii, sie erhielten auch neben und ausser ihrem Beneficium keinerlei Congrua noch Remuneration, die sie für diesen Fall mit Recht hätten beanspruchen können.

Eben so sicher erscheint es nach der Untersuchung, dass die Pfarrer mit dem Decanate in abstracto nicht unirt gewesen sei und dass daher die Beneficiaten auch nicht, weder von der Pfarre noch von der Pfarrseelsorge ausgeschlossen waren. Im Gegentheile nicht nur standen die Beneficiaten der Pfarre und Pfarrseelsorge nicht frei und unabhängig gegenüber, sondern sie galten zur Pfarrseelsorge ausdrücklich verpflichtet. Beweis hiefür die canonischen Visitationen, bei welchen die genaue und eifrige Führung der Pfarrseelsorge constatirt wurde.

Frei und unabhängig waren also die Beneficiaten gegenüber der Pfarrseelsorge nicht, ebenso wenig waren sie blosse Cooperatoren im gewöhnlichen Sinne, weil die Pfarre weder Collationspfarre noch Privilegium des Decanates war, sondern sie war mit dem Collegium durch den Decan unirt, wie die Untersuchung es bis zur moralischen Gewissheit constatirt hatte: es musste somit die Pfarrseelsorge von den Beneficiaten qua talibus, vi officii, titulo proprio, collegialiter mit und unter ihrem Decane geleistet worden sein.

De jure ist an diesem status quo, d. h. an der Union der Pfarre mit dem Beneficiaten-Collegium seither nichts geändert worden, demgemäss kann die Verpflichtung der Beneficiaten zur Pfarrseelsorge nur auf dem Unions-Titel beruhen und diese von ihnen nur in der Eigenschaft als Beneficiaten und collegialiter geführt werden.

Welche rechtliche Bedeutung besitzt nun die Bemerkung, derzufolge die Beneficiaten zur Pfarrseelsorge in der Eigenschaft von Cooperatoren verpflichtet seien?

Die Bemerkung scheint, wie sich aus dem Gesagten ergibt, nur aus Privatgründen, vielleicht nur zu einem Privatzwecke und daher ohne amtlichen Charakter gegeben worden zu sein. Denn es ist doch nicht anzunehmen, dass das hochw. f. e. Ordinariat die eigene Praxis ignoriren, sich mit derselben ohne jedweden äusseren Anlass in Widerspruch setzen wollte, dass es auf einmal, nachdem es bisher fast durch ein Jahrhundert von der Verpflichtung der Beneficiaten zur Pfarrseelsorge und zwar in der Eigenschaft als Beneficiaten überzeugt war, jetzt eine andere Ueberzeugung gewonnen habe!

Oder sollte doch in der Bemerkung die Absicht durchgeblickt haben, das bisherige Unions-Verhältniss der Pfarre zu lösen, die Beneficiaten ihrer Verpflichtung zur Pfarrseelsorge in der Eigenschaft als Beneficiaten zu entheben, um ihnen dieselbe Verpflichtung zur Pfarrseelsorge aber nur in der Eigenschaft von Cooperatoren wieder aufzuerlegen?

Das wäre nicht nur gewaltthätig an sich, sondern es könnte hierin in letzter Linie ein sehr bedenklicher Angriff auf die ganze Stiftung, den Charakter und die Existenz derselben erblickt werden; auf den collegialen Charakter, wenn das Unions-Verhältniss ohne jedweden Grund gelöst würde, als ob das Collegium aufgehört hätte zu bestehen; auf den beneficialen Charakter, als ob mit dem Beneficium keine Verpflichtung zur Seelsorge verbunden, dasselbe bloss eine Messeleserstelle wäre; auf die Existenz der Stiftung, in dem dieselbe nach Artikel 26 des Stiftbriefes nur in der Art und Weise, wie der Stifter sie gestiftet, als Beneficium und Collegium Existenz-Berechtigung hat.

Es widerstrebt aber ganz und gar dem rechtlichen Gefühle, der schuldigen Reverenz und Obedienz dem hochw. f. e. Ordinariate eine solche bedenkliche Absicht zuzumuthen, oder der Behauptung Glauben zu schenken, dass das hochw. f. e. Ordinariat den collegialen Charakter der Stiftung fernerhin anzuerkennen nicht „beabsichtige." Es sei ferne.

Das hochw. f. e. Ordinariat hat vielmehr in gerechter Würdigung des ursprünglichen Rechtszustandes und der Gründe, die für denselben noch immer sprechen, die volle Wiederanerkennung und Behandlung des Beneficiums als wirkliches Beneficium zugesagt und damit die Beseitigung alles dessen, was die diessbezüglichen Zweifel angeregt hat, namentlich die Benennung des Beneficiums als Manual-Beneficium.

Dieser erste Schritt zur Sanirung der eingetretenen Rechtsunsicherheit betreffs der Stiftung bei

St. Peter lässt mit Zuversicht erwarten, dass das hochw. f. e. Ordinariat auch den zweiten Schritt thun, auch den collegialen Charakter der Stiftung, der ja von dem beneficialen unzertrennlich ist, wieder voll anerkennen und dieser Wiederanerkennung durch Unterlassung der obgenannten Bemerkung bei der Beneficiums-Ausschreibung und durch Wiederanerkennung des de jure noch bestehenden Unions-Verhältnisses der Pfarre zum Collegium der Beneficiaten Ausdruck geben werde.

Anhang.

Stiftbrief.

Wir Maria Theresia ... bekennen hiermit für uns und unsere Erben und Nachfolger, dass der ..... beider Rechte Doctor Joachim Georg Schwandtner in seinem den 9. September 1750 verfassten, den 19. December 1752 bei allhiesiger Universität publicirten Testamente die Bruderschaft ss. Trinitatis zu seinem wahren Universal-Erben instituirt und nachfolgendes verordnet habe. So ist es mein Will und Meinung dass G.

9. Vermeldt mein hinterlassenes Vermögen zu einer Fundation, und zwar in qualitate Beneficii Manualis (in so weit, als ich mich des Mehreren in nachfolgend dieser meiner letztwilligen Disposition erklären werde) verwendet und um den Gottesdienst bei vermeldeter st. Peterskirche zu versehen: sechs Beneficiati nebst einem Decano als Beneficiati Confraternitatis Sanctissimae Trinitatis gestiftet, zu ihren Gehalt dem Decano sechshundert Gulden, jedem Beneficiato fünfhundert Gulden, wiewohl mit denen hierinnen begriffenen Bedingnissen, von der löbl. Bruderschaft aus denen Einkünften meine Verlassenschaft jährlich gereicht werden solle. Also diese sieben Beneficiaten verbinde ich hiermit

10. Dass ein jeder derselben für mich, meine Gemahlin und unsere beiderseits Eltern, Geschwister und Befreundete in der Wochen einmal, und zwar das ganze Jahr hindurch alle Tage um halber Acht Uhr auf dem Hochaltar zu lesen, sothaner Mess jedesmahl zwei andere Beneficiati in Chorröcken beizuwohnen und ad intent. Sacrificii den englischen Rosenkranz nach vollendeter Mess aber beide Beneficiati sammt dem Priester drei Vater-Unser und Ave Maria mit dem englischen Lobgesang laut zu beten verbunden sein sollen.

Diese Beneficiati sammt dem Decano obligire ich in der St. Peterskirche den Gottesdienst, wie selber zur Ehre Gottes erforderlich und theils durch die Ehrw. PP. ad st. Hieronymum oder in anderer wegen bis anhero bestritten wird in besagter Kirchen bei den Säulen der allerheiligsten Dreifaltigkeit, bei den Processionen, in Predigt-Amt, Beichtstuhl, Haltung deren Aemtern, Litaneien, Vespern oder wie es in anderer immer ordentlicher Art der Kirchen- und Bruderschaft-Gottesdienst erfordert, zu versehen und wie ich vorhin bei meiner ewigen Mess verordnet, also sollen auch das ganze Jahr hindurch

11. Alle Sonn-, Werk- und Feiertage zwei von ihnen Beneficiatis in der st. Peterskirchen der Frühmess um sieben Uhr, der Segenmess um zehn Uhr und Nachmittag der Litanei beiwohnen und während deren Messen den englischen Rosenkranz laut und bei der Litanei in der still zu Heil mein und meiner Gemahlin und unserer Befreundeten Seelentrost wie nicht minder zu siegreicher Erhaltung des durchlauchtigsten Erzherzoglichen Haus von Oesterreich ohne Auslässlichen zu beten schuldig seien und wiewohlen ich

12. diese sechs Beneficiatos und den Decanum immediale zu der löbl. Bruderschaft unter dem Titel der allerheiligsten Dreifaltigkeit stifte und wie hernach des mehreren folgen wird, selben alle Disposition und Besorgung (ohne dass sich eine andere Instanz sub quocumque Titulo einmischen solle) Privative und vollständig überlasse, so will ich hiermit

13. Quoad spiritualia einen geistlichen hochfürstlichen Ordinarium gehorsamst ersuchet und inständigst gebeten haben, womit hochdieselben über diese meine geistliche Stiftung in Spiritualibus, damit dieselbe zur Ehre Gottes besorget und jedesmal mit auferbaulich, andächtig und gelehrten subjectis versehen werde, dero gnädigsten Schutz zu ertheilen, auch keinen derenselben ungehindert der bestehenden Präsentation, welchen sie nicht zu dem Predigtamt und allen übrigen erforderlichen Gottesdiensten für vollkommen fähig und würdig erkennen zu admittiren belieben wolle; bei dieser meiner Stiftung deren sechs Beneficiaten und des Decani wird

14. Wegen der künftig erfolgenden Präsentation meiner Gemüths Meinung dahin eröffnet, was massen meine wahre Intention, Will und Meinung: keineswegs zur Versorgung sieben weltlichen Priestern — sondern allein dahin abgehe, damit durch diese Beneficiaten in dieser herrlich und uralten Kirchen sowohl das Wort Gottes mit christlichen Eifer vorgetragen, als den übrigen Dienst mit auferbaulicher Andacht versehen werden; Ursach dessen ich hiermit ausdrücklich verordne, dass bei der erst und folgenden Einsetzung dieser Beneficiati die Gelehrigkeit allein so wenig, als die Andacht und tugendhafte Aufführung ohne Gelehrigkeit und Wohlredenheit keineswegs anzusehen sondern bei einem Jeden dieser Beneficiati, welche dahin zu gelangen aspiriret, nebst seines tugendhaften Lebenswandels zugleich eine stattliche Gelehrigkeit und Wohlberedenheit erfordert werde, sowohl bei der

ersten Bestellung dieser als derenselben von Zeit zu Zeit nöthige Ersetzung ist mein ausdrücklicher Will und Meinung.

15. Ein jeder, so für dieses Beneficium anlanget von dem allhiesigen hochfürstl. Consistorio ordentlich examinirt, dessen Fähigkeit und Lebenswandel untersuchet und ohne Producirung eines von vermeldt löblichen Consistori gefertigten Attestati keineswegs präsentirt noch weniger aber demselben das Beneficium conferiret werden könne. Alle diese von mir gestifteten Beneficiati sollen

16. Bei Verlust ihres Beneficii jeder schwarz in Toga oder langen Kleidern und Mänteln sich zu kleiden und ad distinctionem alicorum ein geschmelzt sichtbares Bildniss der allerheiligsten Dreifaltigkeit, welche ihnen die löbliche Bruderschaft zu verschaffen hat, an ihren Kleidern auf der Brust zu tragen verbunden sein. Belangend nun das jus praesentandi, so ist

17. Mein eigentlicher Will und Meinung, dass selbes

1. Primo. Ihrer kais. kön. Majestät, meiner allergnädigsten Landesfürstinn und dero nachfolgende Regenten dieses Erzherzogthums Oesterreich,

2. Secundo. Dem allhiesigen fürstl. Ordinario und dermaligen Erzbischöfen und

3. Tertio. Der löblichen Bruderschaft unter dem Titel der allerheiligsten Dreifaltigkeit gebühren und in Folge dessen Anfangs zur Besetzung dieser Fundation Ihro kais. kön. Majestät den Decanum und die zwei ersten Beneficiatos, die anderte zwei Ihre fürstlichen Gnaden der allhiesige Erzbischof und die dritte zweie die löbliche Bruderschaft unter dem Titel der allerheiligsten Dreifaltigkeit präsentiren.

Wofern sich aber von allen diesen sieben Beneficiatis künftighin eine Apertur ergiebete und die erledigte Stelle hinwiederum mit einem tauglichen subjecto zu ersetzen kommet, solle ohne Consideration dessen, von wem anfangs die Präsentation geschehen, bei der ersten Vacatur Ihro Majestät der Kaiserin bei der anderten dem allhiesigen Erzbischof, bei der dritten der Bruderschaft ad ss. Trinitatem ein würdiges subjectum nach vermeldter Qualität zu präsentiren bevorstehen, und damit nach dieser Ordnung zu allen Zeiten continuiret werden. Die Administration aber meines zu dieser Stiftung gewidmeten Vermögens und alles desjenigen, was dem anerwachsen wird. Diese übergebe und incorporire

18. Der unter dem Titel der allerheiligsten Dreifaltigkeit allhier in der St. Peters Kirchen versammelten löblichen Erzbruderschaft als meinen vorbesagter Massen substituirt und respective instituirten Universal-Erben solcher gestalten, dass selber gegen Quittung eines zeitlichen

H. Rectoris, eines Assistenten und zweier Consultoren all mein dieser Stiftung nachdem Tod meiner Universal - Erbinn zufallendes Vermögen, es bestehe selbes im Baaren Briefschaften, Grundstücken oder anderen Effecten allsogleich extradiret, die Obligationes, das Baare Geld oder andere Effecten jederzeit unter der Sperr des H. Rector eines Assistenten oder von der Bruderschaft dazu erwählenden H. Consultoren und des H. Decani meinen H. Beneficiati in der Wohnung des Herrn Bruderschaft Rectoris verwahret, ohne ein oder deren anderen Vorwissen nichts von der Casse herausgenommen noch eingeleget, weniger ein Capital aufgekündet oder an ein anderes Ort versichert, sondern alles in sancta pace gemeinsamen verwaltet, vorgenommen, beschlossen und vollzogen werden solle; zumahlen aber täglich den Empfang und Ausgabe zu bestreiten und meine hinterlassenen Grundstücke und Capitalien zu Besorg dem H. Rectori, nach denen HH. Assistenten und Decano nicht aufzubürden. Als solle

19. dieser tägliche Empfang und Ausgabe also wie es derzeit mit denen Bruderschaft-Einkünften und Ausgaben gewöhnlich gehalten, selbe jederzeit von einem zeitlichen H. Verwalter besorget und von ihme H. Verwalter alle Jahr dem H. Rectori, Assistenti in Beisein zweier Herren Consultoren und des H. Decani über den Empfang und Ausgabe und das vorhandene Vermögen, ein ordentlich gelegter Ausweiss verfasset und die unter vermeldeten Verwahrung des H. Rectoris befindliche Original-Obligationes vorgezeiget werden, welche, gleichwie sie bis anhero mit der Bruderschafts - Rechnung löblich gepflogen worden, von dem H. Rectori, H. Assist., H. Secretario und dem H. Decano vorgenommen, untersuchet, und da keine Bedenken vorkamen, unter dem Bruderschaft-Insigel und mit der Unterschrift des H. Rectors, deren HH. Assist. des H. Secretarii und Decani gefertiget und approbiret; sofern sich aber einige Anstände ergeben, ohne Weitläufigkeit behoben, wie den Schaden in das Künftige abzuhelfen in ordine votiret und das Conclusum so viel möglich alsogleich vollzogen werden; und gleichwie ich

20. In Gott dem Allmögenden das standhafte Vertrauen setze selber werde dieser allein zu seiner Ehre gemachten Stiftung seinen gnadenreichen Schutz ertheilen und selbe von allem Uebel mildväterlich bewahren. An bei denen vermeldten HH. Administratoren den Willen und die Kräften ertheilen, womit selbe ihrem Amt getreu, eifrig und mit christlicher Liebe vorstehen, also will ich auch selbe vor Allen inständig ersuchet haben, dass keiner für seine -Mühe (ausser eines etwa nöthigen Sollicitatoris oder Agenten, welche höchstens jährlich hundert

Gulden zu reichen) einiges Emolumentum Besoldung oder Remuneraion genüssen, noch solches einem anderen verstatten soll.

Die allerheiligste Dreifaltigkeit, als der dreieinige Gott wird nach seiner Verheissung als ein Belohner Alles Guten einem Jeden hier zeitlich und in jener Welt unaufhörlich seine grundlose Barmherzigkeit bezeugen und die zu seiner Ehre verwendete Mühe, Sorg und Zeitverlust reichlich ersetzen. Die Ursache aber, warum ich wohlbedacht verordne, dass die Adjustir und Aufnehmung der Rechnung, nebst der Besorgung all' meines zu dieser Stiftung gewidmeten Vermögens vorbesagter Maassen allein von der Bruderschaft sonders anderwärtigen Ein- oder Oberaufsicht beschehen solle, diese besteht allein

21. Indem bis anhero bei der löblichen Bruderschaft von so vielen Jahren her verspürret gut und löblichen Effect und in der standhaften Hoffnung, dass gleichwie Gott der Allmögende diese jederzeit in aller Einigkeit versammelte Confraternität dergestalten gesegnet, dass Niemanden von derenselben christlichen Eifer guter Veranstaltung und sonders Eigennutz besorgte Administration, die Erbauung des herrlichen Tempels St. Petri zuzuschreiben ist, also auch fürhin mein unter der löblichen Bruderschaft stehendes Vermögen gleichfalls den göttlichen Schutz geniessen und von allem Unglück Eingriff oder schädlichen Disposition allwegs bewahret sein wird; übrigens ist mein Will und Meinung, dass

22. die löbliche Bruderschaft vor allem in Erfüllung dieser meiner Stiftung besorget sein und sonders das wachsame Auge haben, auf dass die HH. Beneficiati ihren Gottesdienst nach meiner Verordnung unablässlich und mit allauferbaulicher Andacht versehen, sich mit den H. Superintenten in guter Einigkeit vernehmen und zu keiner Uneinigkeit Anlass geben, wo in dem widrigen — gleichwie ich die von mir hiemit stiftende HH. Beneficiatos der löblichen Bruderschaft dem H. Rectori-Assistenten und Consultoren nach ihrem von mir vorgesetzten und meine Person repräsentirenden Patronen alle Ehrerbietbigkeit zu erzeigen anweise und selben in Allen, was meine Stiftung anlanget, die behörige Auskunft zu ertheilen und die von der löblichen Bruderschaft diesfalls zu Besorgung meiner Stiftung abfassende Conclusa zu befolgen, hiemit verbinde.

Also ertheile auch ihr löblichen Bruderschaft die vollkommene Gewalt, dass, wenn zu einiger Zeit der Decanus oder einer von diesen HH. Beneficiaten sein geistliches Officium noch Schuldigkeit nicht versehen, denen respectu meiner Stiftung von der Bruderschaft zu Beförderung der Ehre Gottes erlassenden Conclusis wiedersetzen, ungebührend, friedlos oder wider Verfolgen ärgerlich aufführen würde, die löbliche Bruderschaft sich erstlich des Facti versichern, in einer ordentlichen Versammlung selbes untersuchen, nach Befund der Sachen solches ihrem H. Beneficiato in der Still und mit guter Art vorbalten zur Vermeidung seines ungleich und üblen Verhalts, christlich ermahnen und bei nicht erfolgter Besserung Ihro fürstlichen Gnaden dem allhiesigen Erzbischof für dero Assistenz und behörige Correction anstehen, sofern aber alles dieses nicht fruchtet, wiederhohlt löbliche Bruderschaft so dannen um bussfertigen Beneficiatum alsogleich sonders weiteren Recurs zu entsetzen, die vollkommene Macht haben sollen; denn ob ich zwar

23. die löbliche Bruderschaft absolute dahin verbinde, dass selbe keineswegs absque sufficiente causa einen Herrn Beneficiatum zu entlassen oder abzusetzen gebühren könne, so erkläre mich aber an bei

24. Und ist mein eigentlicher Will, dass dieses von mir gestiftete Beneficium keineswegs pro Beneficio perpetuo, sondern blos hier als ein Beneficium Manuale und daher auch die Beneficiati nach dieser meiner Disposition ex praedicta et sequenti causa amovibiles anzusehen und daher keinen deren selben dieses Beneficium länger als er selbes in allen ihren aufgetragenen Vorrichtungen, insonders im Predigtamt zu besorgen, von der löblichen Bruderschaft und dem löblichen Consistorio annoch fähig zu sein erkennet wird zu geniessen berechtigt sein solle; da sich aber ergebete,

25. dass ein so anderer, jedoch höchstens zwei von diesen Beneficiaten Alters halber oder aus anderer Gebrechlichkeit ihre geistliche Dienste zu versehen ausser Stand gesetzet würden, dann solle demselben lebenslang der Genuss ihrer Messen verbleiben und für die, für mich und meine Frau zu lesen schuldige Messen, wenn auch Beiwohnung vorbesagter Andachten von dieser meiner Stiftung jährlich jedem zu einer Beihilf zweihundert Gulden gereichet. Demungeachtet aber sogleich deren Stelle mit andern tauglichen Subjectis und vorvermeldte Stipendio ersetzen werden. Uebrigens damit diese meine HH. Beneficiati in einer guten Aufsicht und Ordnung unter sich erhalten werden, so solle jedoch auf christliches Anlangen von der löblichen Bruderschaft, woferṇ sich kein billiger Anstand ergibet, allezeit der Aelteste in Officio pro Decano ernennet, selber wie vorbesagt über seine 500 Gulden noch besonders einhundert Gulden jährlich gereichet, an selben alle übrige HH. Beneficiati quoad vitam et mores und was die Vollzügung dieser Stiftung an-

belanget zur behörigen Parition angewiesen werden. Uebrigens nachdem alle meine HH. Beneficiatos und den Decanum hiermit bei ihren Gewissen ausdrücklichen verbünde, dass selbe der Bruderschaft einverleibte Mitglieder auf allmahliges Verlangen in ihrer Krankheit besuchen und selben mit ihrem geistlichen Trost beizuspringen schuldig als verordne hiemit

26. dass wofern mein hinterlassenes Vermögen ein Mehreres als die für die Beneficiaten mit jährlicher 3600 Gulden ausgeworfenes Stipendium ausmachen und betragen würde, der sich zu Ende eines jeden Jahres zeigende Ueberschuss (wiewohlen pro omni tempore salva fundatione zu verstehen) zur Hälfte der Bruderschaft zu Bestreit und Vermehrung der Andacht und nun nach und nach die für den Kirchenbau consumirte Stiftcapitalien zu vermehren eigenthümlingens zufallen, die anderte Hälfte aber für die armen Brüder und Schwestern in casu infirmitatis zur Beischaffung der Medicamenten und in der Krankheit nöthigen Subsistenz verwendet, und so oft ein solcher Nothstand von denen HH. Beneficiatis dem H. Rectori angezeigt wird, a proportione des Standes der Bedürftigkeit und deren Vorhandenen erstbesagter Maassen hiezu und in keinem anderen Wege gewidmeten Geldern die erforderliche Beihilf dem Beneficiato ausgefolget werden soll.

Zu meinen Executoren dieses meines letzten Willens ernenne ich hiemit den Hoch Edelgelehrten Herrn Was Gott will von Hüttner, Ihro k. k. Majestät Hofrath mit ergebenst und schuldig Bitt, selber wolle die zur Vollzügung meiner Fundation erforderliche Bemühung nach seinem mir bekannten christlichen Eifer auf sich nehmen, meiner Frau in ihren Lebzeiten in aller Begebenheit und seinen erleuchten Rath beistehen und nach derselben Tod (so Gott lang verhüten wolle) wegen Verkaufung meiner Effecten und wie das hieraus erlesende Geld anzulegen, welches beedes ihme HH. Hüttner seinem Wohlbefund allein überlassen, besorgen und sodann auch allein das völlige Vermögen besagter Bruderschaft übergeben, sondern auch selben so lang ihme Gott das Leben fristet) auf allmahlige Bitt seinen Rath und ergiebige Assistenz geneigt mittheilen und zu vollkommener Vollzügung dieses meines letzten Willens das behörige beitragen, womit sonders meine liebe Gemahlin und Universal-Erbinn gegen jedermänniglich von aller Unruhe oder Anspruch bewahret und besagt meiner Stiftung zugegen nicht das mindeste vorgenommen noch abgeändert werde. Ich werde zur schuldigen Erkenntniss dessen bei Gott den Allmächtigen für dessen zeitlich und ewige Wohlfahrt inständig bitten, welcher die Beförderung dieser allein zur Ehre der allerheiligsten Dreifaltigkeit abgehende Stiftung hier und in jener Welt mit seinen allmögenden Segen ersetzen wird. Ich sterbe also in hoffnungsvoller Zuversicht, dieser mein letzter Will und sonders meine gemachte Fundation (massen selbe allein zu Ehren des höchsten Gott abgesehet) wird allen Orten und beisammentlich, so gross als weltlich hohen Stellen alle Protection Hilf und Beistand erlangen.

Ich bin auch versichert, dass ich nichts verordnet, was nicht ohne Unterbruch deren Gesetzen füglich bestehen kann. Nachdem aber bei Allen denen zu besorgen, ob nicht in ein so anderer Weg zu Unterbruch dieses meines letzten Willens, Anstände erwecket werden, wovon ich aber meine Verlassenschaft allerwegs befreit wissen will, als verordne hiemit, dass im Fall aus einer immer erdenklichen Ursach dieser mein letzter Will, förderst aber meine vorhin mit denen sieben Beneficiaten verordnete Stiftung in all und jedem ad litteram vollzogen werden könnte, oder von Jemanden in Anstand gezogen, strittig gemachet, in anderer Art, als ich hiefür mich klar erkläret interpretiret gefasset oder befolgt werden sollte, in solcher Begebenheit will ich Alles dasjenige und sohin mein ganzes Vermögen so ich zur Errichtung vormeldter Stiftung vorbesagter Massen verordnet und verlassen, der löblichen Bruderschaft unter dem Titel der allerheiligsten Dreifaltigkeit ad Petrum als mein substituirt und respective Universal-Erben zufallen und eigenthümlich sein solle, jedoch mit diesem ausdrücklichen Ersuchen, womit selbe den Gottesdienst, wie ich bei den Beneficiaten erinnert, durch andere andächtige Petriner gegen einen, selber nach ihrem Wohlbefund auszumessen, das Almosen und für das Predigtamt zu bezahlen kommende Emolumentum, vollzügen machen besorgt sein möge, ohne dass selbe an einen Ausweis oder Berechnung gegen Jemand, wer der auch sein möge, verbunden, sondern mein ganzes Vermögen also wie alle andern Bruderschafts-Capitalien und Einkünften zu verwalten berechtiget sein solle. — Wiewohlen mit dieser Verbindlichkeit, dass wiederholte Bruderschaft, wie es bis anhero beschehen, ganz löblich, der Kirchen zur Beförderung der Ehre Gottes, dessen weitere Aufnahme, Unterhaltung des Gebäudes im nöthigen Fall beistehen und somit deren selben Mittel und Einkünfte nicht zulänglich von denen nach Vollzugung meines letzten Willens übrig verbleibenden

Einkünften meines Vermögens, jedoch nur von der Bruderschaft zu ihrer freien Disposition überlassenen Hälfte und sohin ohne Unterbruch der für die kranken mittellosen Mitbrüder gemachte Fürsehung auszuhelfen und obligiret sein sollen.

Wien den 22. November 1762.

Copia Codicilli.

Im Namen der allerheiligsten Dreifaltigkeit Gottes des Vaters und des Sohnes und des heiliges Geistes. Amen.

Nachdem ich Joachim Georg Schwandtner mir zu Gemüth geführet, dass nach denen dermaligen Umständen und auch nach dem natürlichen Weltlauf Niemand seines Vermögens versichert, indem aber durch die Erfahrenheit den vollkommenen Beweis hat, dass bereits von Zeit zu 12 Jahren die Immobilia in ihrem vorigen Erträgniss fast zur Hälfte abgefallen und daher nach ihrem innerlichen Werth nicht allein derzeit bereits merklich verändert worden, sondern auch pro futuro einen noch grösseren Abfall unterworfen sein und nun die in meiner letztwilligen Disposition auf sieben Beneficiatos ad St. Petrum gemachten Stiftung bloss pro Stipendio jährlich 3600 Gulden fordert, welche bei noch beschwersameren Zeiten von meinen meistens in immobilibus bestehenden Vermögen nicht bestritten werden könnten, — als verordne hiemit

1. Dass nach dem Tod meiner Universal-Erbin, denen von mir gestifteten Beneficiatis, dass einem jedem mit 500 Gulden und dem Decano mit 600 Gulden ausgeworfenen Stipendien, denen Beneficiatis mehr nicht, denn jedem 350 Gulden und dem Decano 400 Gulden jährlichen gereichet, gegen deme aber Alles, wie es in meinem Testamente enthalten, von selben erfüllet und vollzogen werden solle.

2. Obligire besagt meine Beneficiatos die von meiner Frau Mutter seelig, wochentlich gestiftete heilige Messe nach Inhalt ihres Testamentes zu versehen, mithin, dass die Kirchen von diesem Obligo enthoben und selber das mir schuldige Capital und Interesse absque onere zufallen, anbei auch von allen denjenigen, was ich in proprio zu dem Kirchengebau anticipiret und diessfalls nach meinem Tod in Anstand haften wird, es möge selbes viel oder wenig betragen, gänzlichen befreiet und dafür von meiner Frau Universal-Erbinen nichts gefordert werden soll.

3. Sollen meine Beneficiati über die in meinem Testament enthalten und erstbesagt meiner Frau Mutter wöchentliche Mess für dem allhier verstorbenen Erzbischof von Valentien jährlich in Allen mehr nicht, denn 3 hl. Messen zu dessen Seelenheil zu lesen verbunden sein und nachdem ich erwogen,

4. Dass man in der Sacristei bei st. Peter mit Lesung der Votiv-Messe nicht allerdings ordentlich vorgegangen, wodurch von einer jeden Mess, allein zur Besorgung der Reichlichkeit (Reinlichkeit?) einem zeitlichen Directori Ein Kreuzer gebührt und dann armen Priestern von ihrem ohnediess kleinen Almosen abgezogen wird, als verordne hiemit, dass, jedoch mit gnädigster Approbation Ihro hochfürstl. Gnaden des HH. Erzbischofs meine Beneficiati das Directorat und zwar wechselweise um jeder durch ¼ Jahr gratis versehen. Bei dem Ein- und Abtritt dieses Officii im Beisein des Decani und wenn Ihro hochfürstl. Gnaden annoch hiezu zu verordnen belieben die Richtigkeit über Empfang und Ausgab gepflogen, von vermeldten Beneficiatis, aber denen Priestern nicht das mindeste entzogen werden solle.

5. Ist mein eigentlicher Will, dass sich jene Legata, so ich meinen Bedienten ausgeworfen, allein dahin verstehen, wann sich selbe in Zeit meines Hinscheidens in meinen Diensten befinden. Uebrigens confirmire hiemit

6. Meine letztwillige Disposition nach ihren ganzen Inhalt und bitte nochmalen meine geliebte Gemahlin, womit selbe als meine Universal-Erbin mein sammentliches Vermögen, wie ich es in meinen Testament klar vorgesehen nach ihrer Willkühr geniessen und nach dessen erfolgenden Tod der löblichen Bruderschaft als meiner selben substituirten Universal-Erben getreulich besorgen wolle. Zu mehreren Urkund dessen ist dieses mein Codicil von mir und denen hiezu erbetenen HH. Zeugen respective von Innen, von Aussen eigenhändig unterschrieben und gefertigt worden.

So beschehen Wien 19. September 1751.

L. S. Joachim Georg S c h w a n d t n e r.

Stiftbrief.

Mir Maria Theresia von Gottes Gnaden römische Kaiserin in Germanien, Hungarn, Böheim, Dal., Croat., Slavonien etc. etc. bekennen hiemit für uns, unser Erben und Nachkommen, dass nachdem Josef Peisser, bürgerlicher Handelsmann allhier sich entschlossen, zur Vermehrung der Ehre der allerheiligsten Dreifaltigkeit und zum Trost seiner armen Seele, die unter der Obsorg der Erzbruderschaft der allerheiligsten Dreifaltigkeit bei st. Peter allhier stehende Hofrath Schwandtner'sche Stiftung mit einem Beneficiaten zu vermehren, als ist zwischen selben und besagten Erzbruderschaft untern Orts verflossenen Monat Septembris nachfolgender Antwort beliebet und für beständig errichtet worden, in Folge dessen

1. Erkläret sich vormeldter Peisser zu dieser seiner Stiftung ein Capital per 12.000 Gulden in nied.-österr. landständischen mit 5 pCento Interessen laufenden Obligationen zu widmen und erwähnten Bruderschaft allsogleich bei Fertigung dieses Contracts dergestallt, eigenthümlich zu übergeben und auszuhändigen, dass von ihm, Peisser, oder dessen Erben in Hinkunft unter keinerlei Praetext oder Titel etwas mehr abverlanget ihme auch den Stiftbrief ohne entgeltlich ausgehändiget werden solle.

2. Solle das von 10.000 Gulden à 5 Percent entfallende Interesse und 500 Gulden den Beneficiaten ausgefolget, von den übrigen 2000 Gulden aber die Interessen mit Einhundert Gulden der Erzbruderschaft zur freien Disposition verbleiben, jedoch also, dass von diesen 100 Gulden der Peisser'sche wegen Wohnung schadlos gehalten werde.

3. Solle die Vorstellung des Beneficiaten (nachdem solcher von dem Consistorio zur Verrichtung der ihme obliegenden Functionen fähig befunden wird) Er, Peisser, so lange derselbe lebt, nach seinem zeitlichen Hinscheiden aber das jus praesentandi nach obiger- Anordnung seinem Vätter Franz X. Peisser in Linz nach seinem Absterben einem von seiner sowohl männlich als weiblichen Descendenz, in deren völligen Abgang aber dem Nächsten Befreundten der Peisser'schen Familie gebühren und diese Ordnung beobachtet werden.

4. Solle der Beneficiat für ihn Joseph Peisser und sämmtliche Peisser'sche Freundschaft wochentlich am Montag, Mittwoch und Freitag, Samstag zusammen 4 heil. Messen appliciren und anbei in den Kirchen bei den Säulen, bei den Processionen, im Predigtamt und Beichtstuhl, Haltung der Aemter, Litaneien, Vespern und Betung der Rosenkränzen,

in Besuchung der Kranken und auch übrigen wechselweis alles jenes zu verrichten schuldig sein, was der-Hofrath Schwandtner seelig in seiner letztwilligen Disposition verordnet hat und dessen Beneficiaten durch die Agenda aufgetragen worden. Fürsorglich solle auch

5. Der Beneficiat bei den Hofrath Schwandtner'schen Beneficiaten wohnen und die Tafel mit ihnen gemeinschaftlich geniessen.

6. Diese errichtete Stiftung solle den Peisser'schen Namen dergestalt führen, dass sie der Hofrath Schwandtner'schen nach obig bedungenen Peisser'schen Pactis beständig unirt und incorporirt wird, und mithin der Beneficiatus aus denen von dem Hofrath Schwandtner seelig in seinem Testamente angeführten Ursachen entlassen werden könne, an vonwegen er Peisser hiemit den Beneficiaten dahin verbunden haben will, alle von dem von Schwandtner seelig der Erzbruderschaft in seinem Testamente ertheilten Befugniss, Disposition, Gewalt und Autorität genau zu beobachten und zu vollzügen.

Nach vorstehend Ordnung hat

7. Die Erzbruderschaft der allerheiligsten Dreifaltigkeit zu St. Peter allhier diese Stiftung in allen dankinnig angenommen und verspricht gleich nach Uebergebung deren N.-Oe. Landschaft-Obligationen p. 12,000 Gulden den Stiftbrief ihm Peissers einzuhändigen, auch wenn wegen dieser Stiftung eine Taxe zu bezahlen oder ein Abzug zu leiden sein sollte, dessentwegen weder ihm Peisser noch dessen Erben anzugehen, sondern ein so anders aus ihren Mitteln zu berichtigen und abzuführen.

8. Verspricht die Erzbruderschaft dem Beneficiaten das Interesse von 10.000 Gulden per 500 Gulden in Onecteligen Batis gegen Quittung richtig zu verabfolgen und wenn

9. Einer von den Peisser'schen Beneficiaten die von dem Hofrath Seber benannste und aufgetragenen Verrichtungen zu erfüllen nicht im Stande wäre, oder aus anderen Ursache A Beneficio austritt, so solle in einem so andern Falle demjenigen, welcher von den Peisser'schen, sowohl männlich als weiblicher Familie das jus praesentande gebühret, wegen Ernennung eines andern Beneficiaten die Anzeige ohngesäumt geschehen, jedoch inzwischen die stipulirte und wöchentliche Messe gelesen werden.

10. Im übrigen solle der Peisser'sche Beneficiat nicht allein das Bildniss der allerheiligsten Dreifaltigkeit zu tragen haben, sondern auch alle weiteren Praerogativen geniessen, dessen sich nach der Hofrath Schwandtner - Verordnung die Beneficiaten zu gebrauchen haben. Und zumahlen mehrberührter Joseph Peisser das zu dieser Stifung gewidmete Stift - Capitale per 12.000 Gulden in richtiger von dem Stifter an ob-

besagter Erzbruderschaft cedirten nied.-österr. Landschaft-Obligation à 5% lautend der Erzbruderschaft wirklicher eingehändiget, als haben uns deren Rector-Assistenten und Consultores der unter dem Titel der allerheiligsten Dreifaltigkeit versammelten Erzbruderschaft zu St. Peter allhier um Ausfertigung eines ordentlichen Stiftbriefes ad mentem obiger Intruction gehorsamst gebeten. Wenn wir nun in Ausfertigung dessen gnädigst gewilliget und bedeute Stiftung in unsern allerhöchsten Schutz genommen haben. So befehlen wir hiemit gnädigst und wollen das über obangezogene Stiftung festiglich gehalten und zu dem Ende zwei gleichlautende Exemplare ausgerichtet, hierum eines dem Joseph Peisser, das andere aber der Erzbruderschaft der allerheiligsten Dreifaltigkeit bei St. Peter allhier zu allerseits guten Versicherung eingehändiget und in dem Stiftungsprotocolle eingeschrieben werden solle.

Ihnen diess hiemit wissentlich mit Urkund dieses Briefes, der mit unseren landesfürstlichen Insigel bekräftiget und gegeben ist in unserer k. k. Haupt- und Residenz-Stadt Wien, den 17. December 1762.

Franz Ferdinand Graf Schrottenbach, Statthalter.
Thomas Ignaz Edler v. Böck, Kanzler.
L. S.   Joann Karl Otto v. Hranfter.
Mathias Wilhelm Haan.

K. k. Bestätigungsdecret der Hofrath Schwandtner-Stiftung.

Von der k. k. nied.-österr. Repräsentation und Kammer wegen Sr. Röm. k. k. Majestät Obrist Justiz-Hofrath Herr Joann. Was Gott will Hüttner als Executor des Hofrath Schwandtner Testamento hiemit anzufügen.

Es seien Ihro k. k. Majestät was die Repräsentation und Kammer in Angelegenheit der von dem verstorbenen Hofrath Schwandtner zu errichten angetragenen Stiftung auf 7 Beneficiaten bei der St. Peterskirche daher mittelst ihres Protocolles vom 19. jüngst verflossenen Monat Januarii vorstellig gemacht, geziemend vorgetragen worden und haben auch Allerhöchst derselben diese Stiftung als eine zur Erhebung des weltlichen Priester Standes gedeulig und heilsames Werk nicht nur in den höchsten Schutz aufzunehmen geruhet, mithin dieselbe durchaus allergnädigst bestätiget, sondern auch beinebens allermildest anbefohlen, dass dieselben zu ihren gänzlichen Befestigung und weiten Aufnahme jedzeit aller Vorschub beigelegt werden soll. — In Rücksicht dessen also, und nachdem die anzustellenden 7 Beneficiaten bei erwähnten st. Peters Kirche nebst deme ihnen von dem Stifter besonders aufgetragene Obliegenheiten alle Divina übernommen. Der dortselbst befindliche landesfürstliche Beneficiatus Domherr v. Stok hingegen bei sothanen Kirche bereits durch viele Jahre nützliche Dienste leistet, haben Ihro k. k. Majest. demselben zum Decan dieser Schwandtner Beneficiaten allergnädigst ernannt, auch dem Priester Joann. Hofmüller in Ansehen seiner langjährigen Uebung in der Seelsorge wie ingleichen den Priester Anton Wolfegger wegen ingleichmässig berufmässiger guter Anwendung und bezeugten Thätigkeit im Predigtamte die von da so allerhöchsten Collation dermassen abhängende übrige beide Beneficien allermildest verliehn.

Wenn zu mahlen aber durch die Aufstellung dieser 7 Beneficien die PP. Franciscaner, welche vermög uns mit denselben im Jahre 1678 den 12. März geschlossenen Contractes zur Versehung des Gottesdienstes nur mit Wohlgefallen und mit vorbehaltener Aufkündigung angenommen werden, als gänzlich erloschen anzusehen sind, anderen Seits hingegen der Stifter selbst dieselben ihres bisherigen Genusses nicht gänzlich zu entsetzen vermeinet als bewillige Ihro k. k. Majestät, dass

1. besagten PP. Franciscanern die in Ansehung der in der s. Peterskirche bei den Pest Dreiengels-Säulen auf dem Graben gehaltenen Andacht vermag obbesagten Contract 1678 ab aerario genossenen jährlich 200 jedoch gegen dem, dass sie anstatt der bisherigen Obliegenheit gewisse stille hl. Messen für das durchlauchtigste Erzhaus in der st. Peters Kirche zu lesen schuldig sein sollen auch forthin abgeweichet werden mögen und zwar

2. Die weitere Abführung jener 16 fl., welche Sie P. T. Franciscaner der St. Peters Kirche selbst bisher jährlich bezogen, wegen aufhörender geistlicher Bedienung denselben nicht mehr zugemuthet werden kann und daher auch dieser Betrag gar billig in Ersparrung kommt, so waltet jedoch kein Bedenken ob, dass ihnen P. P. die wegen der gehaltenen Sonn- und Feiertägige Predigten genossenen jährliche 188 fl. gegen Lesung einer täglichen heil. Messe ebenfalls noch ferner beigelassen werden und versteht sich anbei von selbst, dass wegen deren von dem nunmehr zum Decan ernannten Domherrn Stok mehrerwähnte P. T. Franciscaner für die nachmittägigen Sonntagspredigten jährlich beigetragenen 58 fl. lediglich in dessen Willkühr stehe, ob und unter was für Bedingnisse er ihren sodannen Betrag ferners überweisen wolle — belanget hingegen.

3. Die in seines H. Executori Testaments-Bericht und dessen sub allegeto sub Nr. 6 enthaltenen Mess-, Segen- und Rosenkranzstiftungen, welche H. Executor testamenti der Schwandtn. Beneficiaten hin, künftig zuzuwenden erspriesslich zu sein erachtet. Da haben Ihro k. k. Majestät

hiebei allergnädigst erwogen, dass zumahlen ohnehin viele Christliche die stipendi Missarum alldort geniessen diese sich zum Levitiren Beichtstuhl oder sonstigen geistlichen Verrichtungen gebrauchen zu lassen nicht anstehen, allenfalls auch die Beneficiati selbst sich aus ihnen gehörig einverstehen werden, und finden solchen nach kein Bedenken, dass mehrbesagte Schw.-Benef. da sie der Kirche nunmehr beständig dienen müssen alle gedacht sub Nr. 6 verzeichnete Messen, Segen und Rosenkranz Stiftungen, sofern sich nicht etwa wegen des jus praesentandi zu ein oder anderen dieser Stiftungen ein besonderer Anstand ergeben und die Bruderschaft allerheiligste Dreifaltigkeit mit den von ihm Execulari Test. deroselben gemachten Antrag einverstanden sein dürfe succesive und nach Mass als sich dieselben durch den Todesfall und etwaige weitere Beförderung deren dermaligen Inhabern erledigen zugetheilet und von ihnen in communione genossen werden; gleichgestalt wie auch

4. In Ansehung der Sacristei - Direction wegen deren alldort einfliessenden vielen Messgelder eine besondere Vorsehung zu machen seien und zumahlen ein zeitlicher Decanus durch die Aufsicht über die übrigen Beneficiaten und die zu tragen habende Obsorg wegen der Stiftungs-Obliegenheiten ohnehin genugsam beschäftiget ist, so gehet die weitere allerhöchste Gesinnung dahin, dass die Sacristei nicht der Decan, sondern ein anderer aus den Beneficiaten besorgen, dieser auch allejahr abgewechselt und von jedem Sacristei - Director alle Monat die eingegangenen und gelesenen Messen nebstdem Vorrath dem Decano und zweien senioribus ausgewiesen, auch der Herr Superintendent der St. Peterskirche und die allerheiligste Dreifaltigkeit-Bruderschaft in soweit die letztere etwa einigen Einfluss bei der Sacristei-Direction gehabt, dabei noch ferner belassen und endlichen alljährlich die vollständige Kirchenrechnung über die gesammten Kirchen - Einkünften und Ausgaben anher zur Repräsentation und Kammer geleget und von der Milde-Stiftungs-Buchhalterei ordentlich aufgenommen und je nach Befund erlediget; übrigens aber auch die Beneficiati gemeinschaftlich in der Nähe bei St. Peter wohnen und speisen, jedoch die Oeconomie ebenfalls nicht dem Decano (da selbes ohnehin einem Vorgesetzten nicht zustehet) geführt, sondern solche den übrigen Beneficiaten wechselweise anvertraut werden solle.

Welche allerböchste Resolution demnach ihnen H. H. Executori Test. hiemit nachrichtlich erinnert wird, allermassen denn auch an den dermaligen H. Superintend. ersagten St. Peterskirche dem Domherrn Stok, dem H. Rectori der Bruderschaft allerheiligsten Dreifaltigkeit bei St. Peter allhier, dann dem Priester Joan. Benno Hofmüller und dem Priester Anton

Wolfsegger ingleich dem Provinciali der P. P. Franciscaner hierwegen unter einstens das behörige jedes Orts erlassen worden ist.

Jos. Freiherr v. Haugwitz.

Jo. Jos. Freiherr v. Mannagetta.

Ex consilio repraesent. et Cam. Inferioris Austriae.

Wien, 24. April 1754.

Franz Ferd. Gallar.

Die k. k. n. ö. Statthalterei hat mit Zuschrift vom 13. December 1883, Z. 55606, erhalten am 3. Jänner 1884 anher eröffnet:

„Das hohe k. k. Ministerium für Cultus und Unterricht hat mit dem Erlasse vom 8. December 1883, Z. 13760 anher eröffnet, dass mit Rücksicht auf die Bestimmungen des Schwandtner'schen Stiftbriefes und und den Inhalt der Bezugsacten dem Vorhaben des hochw. f. e. Ordinariates wegen Charakterisirung der Schwandtner'schen Stiftung im Sinne des von den Curatbeneficiaten bei St. Peter gestellten Begehrens als wirkliches Beneficium nicht zugestimmt werden kann.

Dagegen hat das hohe k. k. Ministerium für Cultus und Unterricht sich bereit erklärt, unter Wahrung der betreffenden Allerhöchsten Präsentations-, beziehungsweise Besetzungsrechte in die Suppression einer Schwandtner'schen Curatenstelle zu Gunsten der übrigen Schwandtner'schen und des Peisser'schen Curaten einzugehen.

Für die Agnoscirung eines Collegiums von Weltpriestern bei der Pfarre St. Peter und der Incorporation dieser Pfarrkirche zu diesem Collegium, welches auch von dem hochw. f. e. Ordinariate nicht in Aussicht genommen wurde, sind in den Acten keine Anhaltspunkte gegeben.

Die Anwendung des §. 59 des Gesetzes vom 7. Mai 1874 R.-G.-Bl. Nr. 50 auf das während der Vacanz dieser Curatenstellen fällig werdende Erträgniss der Schwandtner'schen, respective Peisser'schen Stiftung muss der instanzmässigen Entscheidung im einzelnen Falle vorbehalten bleiben.

Hievon werden die Hochw. Herren Curaten zu St. Peter in vorläufiger Erledigung Ihres Ansuchens vom 1. Mai 1882 hiemit in die Kenntniss gesetzt.

Vom f. e. Ordinariate.

Wien, am 3. Jänner 1884.

Ed. Angerer.

Vic. gen.　　　　Fr. Kornheisl.

An die hochw. Herren Curatbeneficiaten zu St. Peter in Wien."